AF231794

EXAMEN CRITIQUE

DES

MÉMOIRES SUR L'ALGÉRIE

PARIS. — DE SOYE ET BOUCHET, IMPRIMEURS, 2, PLACE DU PANTHÉON.

EXAMEN CRITIQUE

DES

MÉMOIRES

SUR L'ALGÉRIE

RÉDIGÉS PAR LE BRIGADIER

DON CRISPIN DE SANDOVAL

ET

DON ANTONIO MADERA Y VIVERO

Colonel honoraire, commandant au corps d'État-major

A LA SUITE DE LA MISSION QU'ILS REMPLIRENT EN AFRIQUE, EN 1844

EN VERTU D'UN ORDRE DE LA REINE

PUBLIÉS PAR LE DÉPOT DE LA GUERRE

AVEC L'AUTORISATION SPÉCIALE DU GOUVERNEMENT DE SA MAJESTÉ

CORRIGÉS ET AUGMENTÉS PAR LEURS AUTEURS

AVEC DES NOTES SUR LES FAITS DONT CE PAYS A ÉTÉ LE THÉATRE

JUSQU'A LA FIN DE 1852

PAR M. CHAUCHAR, Capitaine d'infanterie

PARIS

LIBRAIRIE MILITAIRE, MARITIME ET POLYTECHNIQUE

DE J. CORRÉARD

LIBRAIRE-ÉDITEUR ET LIBRAIRE-COMMISSIONNAIRE

1, RUE CHRISTINE-DAUPHINE, PRÈS LE PONT-NEUF

1854

EXAMEN CRITIQUE

DES

MÉMOIRES SUR L'ALGÉRIE

L'Espagne, personne ne saurait le contester désormais, n'est plus exclusivement le pays des lé-
gendes poétiques, où l'illustre auteur du *Génie du
Christianisme* allait naguère interroger les magni-
ficences séculaires de l'Alhambra ; ce n'est plus
seulement la patrie qu'illustrèrent Ximenès, Cer-
vantes, Calderon, Zurbaran, Murillo, le duc d'Albe
et tant d'illustres capitaines. Il semble qu'elle
veuille enfin rajeunir sa gloire d'un autre âge, un
moment oubliée par ses enfants eux-mêmes, au

milieu de longues et sanglantes luttes intestines. Elle a compris, après cette époque à jamais funeste des guerres civiles, qu'elle devait à son passé, qu'elle devait à son avenir, de prendre rang dans la phalange des nations intelligentes, sous peine de rester bientôt sans appui, sans défense, au milieu de cette Europe, que transforment, à chaque jour, à chaque heure, les découvertes de la science, les travaux de la pensée et les prodiges de l'industrie.

Le gouvernement si sage de S. M. C. a tout fait pour lui conquérir la place honorable à laquelle elle aspire, et déjà l'on peut constater que des progrès réels ont couronné ses efforts. Grâce aux habiles mesures prises par des hommes d'Etat d'un mérite incontesté, grâce au concours dévoué des Cortès, les diverses branches de l'administration ont été remaniées et améliorées; l'armée a vu arriver à sa tête des hommes éminents; l'enseignement public a subi un changement radical. L'industrie elle-même, tout étonnée de se trouver dans ce pays jusqu'alors inexploré par elle, commence à s'y naturaliser et y aura bientôt conquis un domaine nouveau. A la tribune, la voix du regrettable marquis de Valdegamas retentit encore; aux conseils du trône, auprès des souverains étrangers, comme ambassadeurs, prennent place des hommes dont le savoir et l'habileté leur ont acquis une réputation européenne. Partout, dans le pays, des savants, des historiens, labourent le champ de la science, ou bien y refont l'histoire, comme on la refait aujourd'hui en Allemagne, en Angleterre, en France, c'est-à-dire d'après les données d'une critique éclairée et sévère. L'Espagne, enfin, veut vivre et, croyons-le bien, elle vivra glorieuse.

Ces réflexions nous étaient suggérées, il y a quelque temps déjà, par l'étude de quelques productions littéraires, historiques ou militaires de l'Espagne, par la notoriété du travail auquel prennent part un grand nombre de ses enfants les plus distingués, par le bruit qu'ont fait, dans ces derniers temps, les noms des Narvaëz, des Concha, des Martinez de la Rosa, des San-Roman, et bien d'autres, lorsqu'est venu entre nos mains un livre qui, autant par la position et le mérite de ses auteurs que par la nature du sujet qu'il traite, doit naturellement attirer, et surtout en France, la sérieuse attention du public.

Ce livre a pour titre : *Mémoires sur l'Algérie.* Il a pour auteurs un brigadier et un chef d'escadron d'état-major de l'armée espagnole. Voici dans quelles circonstances il a été composé. Après la longue guerre civile qui suivit la mort de Ferdinand VII, le gouvernement de S. M. Isabelle II, qui sentit le besoin d'organiser fortement les divers services, et surtout de donner à l'armée une constitution vigoureuse, imitant en cela d'autres peuples, envoya les officiers les plus distingués dans chaque arme chez les nations étrangères, pour y étudier les modifications apportées dans leurs armées, afin d'en faire profiter la sienne, que la guerre civile avait laissée singulièrement en arrière. Un ordre royal, d'avril 1844, enjoignit au brigadier D. Crispin Ximenès de Sandoval et à D. Antonio Madera y Vivero de se rendre en Afrique, pour y étudier l'armée française et la colonie algérienne dans leurs plus grands détails. Ce sont les résultats de leurs observations, publiés par ordre du ministère de la guerre espagnol, qui sont aujourd'hui livrés à l'appréciation de tous, militaires, hommes d'État et gens du monde. En France, ils ne peuvent être passés sous silence. Là plus qu'ailleurs, tout ce qui a trait à l'Algérie a le privilége bien naturel d'exciter un vif intérêt. Le livre de D. Crispin de Sandoval et de son collaborateur y sera donc nécessairement lu avec une sérieuse attention. Nous n'avons pas, pour notre compte, la prétention d'en faire l'appréciation aussi complète que nous le désirerions ; du moins, sera-t-elle consciencieuse et loyale, nous pouvons l'affirmer.

Mais d'abord, qn'il nous soit permis, avant d'entrer dans le fond de la question, de dire quc la conquête de l'Algérie, que pendant longtemps le droit public européen refusa de reconnaître, fut de tout temps, de la part de l'Espagne en particulier, l'objet d'une pénible préoccupation. Déjà, lors de la prise d'Alger en 1830, le gouvernement de ce pays avait, à l'exemple des autres puissances de l'Europe, désigné deux officiers, aujourd'hui

lieutenants généraux, pour assister au débarquement des troupes françaises et à la prise de la cité
barbaresque. C'étaient le comte de Mirasol et don
Manuel de Mazarredo, qui depuis a été, si nous ne
nous trompons, ministre de la guerre. L'Espagne,
en effet, ne pouvait voir avec indifférence la
France, puissance de premier ordre et puissance
maritime, sa voisine sur les Pyrénées, la contour-
ner encore au Midi, où sa position était amoindrie
déjà par l'occupation de Gibraltar et la perte de
Mers-el-Kébir dans le siècle dernier.

« L'Afrique, ainsi que le font remarquer les au-
« teurs dans leur introduction, l'Afrique, aujour-
« d'hui colonie naissante, peut être l'origine d'un
« État indépendant, appelé dans l'avenir à exercer
« une très-grande influence et à affecter d'une
« manière notable les intérêts de l'Europe. Celle-ci
« n'a-t-elle pas dans le passé l'exemple de Car-
« thage? »

C'est donc par suite de cette préoccupation, et
pour faire étudier la guerre et la colonisation en
Afrique, qu'en avril 1844, en vertu d'un ordre de
la reine, MM. de Sandoval et Madera se rendirent
dans cette contrée, où sont venus comme eux des
officiers de toutes nations, des princes, des hommes
politiques, des économistes de tous les pays.

Dès les premières lignes de l'introduction placée
en tête de leur œuvre, ces messieurs se font les
échos de craintes exagérées, ce nous semble, à
l'endroit de l'occupation de la régence par les

Français, occupation « qui fait perdre à l'Espagne « le bénéfice de sa position sur la Méditerranée. » Nous prouverons surabondamment plus tard cette exagération, et nous n'aurons, pour y parvenir, qu'à opposer à ces messieurs leur propre opinion, émise dans une des dernières pages de leur livre.

Quoi qu'il en soit, MM. de Sandoval et Madera commencent par avancer que cette contrée (l'Algérie) convenait aux intérêts de la France ; que, dans sa croyance, *il fallait* qu'elle s'en emparât à tout prix, si elle ne voulait pas être devancée par l'Espagne, qui certainement le tenterait malgré l'insuccès des expéditions de Charles-Quint.

Les gouvernements de France, au dire des auteurs, caressèrent longtemps la pensée de cette conquête avant de la mettre à exécution. Il s'en trouve, prétendent-ils, un projet raisonné dans un livre imprimé en 1666, qu'ils ont lu et qui a pour titre : *Recueil historique contenant diverses pièces curieuses de ce temps, sur les moyens d'entreprendre la conquête de la Barbarie et de la mener à bonne fin.*

C'est dans ce livre, suivant les deux officiers espagnols, et dans d'autres documents historiques, où l'on tirait avantage, pour s'en préserver, des malheurs de Charles-Quint, comme aussi dans les notes et reconnaissances fournies par un officier du génie, envoyé à Alger par l'empereur Napoléon Ier, avec une mission fictive, que le ministre de la guerre aurait puisé pour organiser l'expédition de 1830. L'Espagne, à leur sens, avait un droit plus naturel, un motif plus réel et d'une date bien autrement ancienne pour exercer une souveraineté qu'elle avait déjà en partie. Dès le XVIe siècle, elle possédait presque tous les points de la côte, et quelques points de l'intérieur s'étaient reconnus ses feudataires : « Non pas qu'il lui convînt aucunement « d'acquérir de nouvelles possessions et de coloni- « ser ; mais là n'était pas son but : son but, *c'était* « *d'empêcher une nation plus puissante de s'emparer de* « *ce territoire.* »

Ici l'intention de MM. de Sandoval et Madera est évidente, mais ne nous paraît pas un argument bien capable d'infirmer la légitimité de notre conquête.

Notre conviction, en outre, est que l'idée de la conquête de l'Algérie a été toute spontanée. Nul n'y songeait en France avant l'insulte grossière faite à notre pays dans la personne de notre consul, M. Deval, et ce qui le prouve, c'est l'époque même de l'expédition, entreprise au milieu des embarras politiques qui devaient amener, quelques jours plus tard, la révolution de juillet 1830.

Nous avons, en occupant Alger, vengé un affront sanglant. Les conséquences de la prise de ce repaire de forbans ont été *fatalement* la conquête du pays entier ; voilà ce que nous pouvons affirmer. En définitive, pourquoi toutes ces récriminations ? A-t-on oublié déjà les humiliations que, depuis les Barberousse, la Régence d'Alger a fait subir à toutes les nations chrétiennes, les dommages qui les ont accompagnées, et ne voit-on pas que, tout en vengeant notre honneur, nous avons combattu pour une cause qui était celle du monde chrétien?

Nous avons dit et nous avons répété en France, à la tribune, dans nos cercles; nous avons écrit maintes fois et partout que la terre de l'Algérie était à jamais française, qu'elle avait été payée de l'or et du sang de la France. C'est probablement en faisant allusion à cette volonté si nettement exprimée que MM. de Sandoval et Madera s'écrient :

« A nous aussi l'honneur national, le souvenir
« des grands sacrifices que nous fîmes pendant
« trois siècles, les débarquements, les croisières,
« les souffrances de nos aïeux sur les champs de
« bataille d'Alger ou sur les galères des pirates,
« les malheureuses expéditions tant de fois répé-
« tées, qui firent voir le drapeau espagnol à ces
« plages, étaient capables de nous exciter à tenter
« la conquête !...

« Il existe encore des vieillards qui assistèrent
« aux tremblements de terre d'Oran et de Mers-el-
« Kebir en 1790, et qui, deux ans après, saluèrent
« d'un dernier adieu ces murailles témoins de l'hé-
« roïsme espagnol depuis 1505, et dans l'enceinte
« desquelles reposaient les restes de tant de bra-
« ves. »

Nous concevons cette douleur en présence du passé; mais les auteurs des Mémoires nous donnent eux-mêmes les motifs qui s'opposèrent à un retour offensif de l'Espagne en Afrique. On était au commencement de ce siècle. C'était l'époque des luttes gigantesques en Europe ; les possessions espagnoles en Amérique se soulevaient contre la mère-patrie ; enfin, la guerre civile menaçait d'éclater dans la Péninsule. L'Espagne ne pouvait donc en vérité songer à une telle entreprise. Sans cela, nul doute qu'elle n'eût tenté ce qu'elle nous voit accomplir aujourd'hui avec tant de regrets. Il nous a paru utile de faire connaître la disposition d'esprit des auteurs. Elle se remarque non-seulement dans l'Introduction, mais encore dans toute l'étendue du livre sur l'Algérie, et peut servir à bien se rendre compte de certaines appréciations que nous aurons à examiner dans notre analyse.

La conquête de l'Algérie par la France étant un fait accompli, il s'agissait alors, pour le peuple espagnol, de voir quel était le meilleur parti à en tirer ; d'observer les procédés de colonisation pour améliorer à son tour dans les possessions espagnoles, notamment, disent nos deux auteurs, dans celles que convoitent des puissances étrangères (1). Il s'agissait surtout de se livrer à des études exclusivement militaires, comme à celles qui en sont les conséquences et le complément naturel. Des instructions furent données dans ce sens à MM. de Sandoval et Madera. C'est après s'être inspirés de leur esprit, comme aussi de l'exemple d'illustres devanciers

---

(1) Allusion à l'île de Cuba, menacée par les Etats-Unis.

dans des études de ce genre (1), que les deux explorateurs se rendirent en Afrique, et y suivirent les incidents de la campagne de 1845 avec une colonne aux ordres du maréchal Bugeaud. MM. de Sandoval et Madera ont bivouaqué avec nos troupes, ils ont vécu près d'elles de cette vie de marches, de fatigues, de dangers partagés, bien propre à fournir une ample matière à leurs observations. C'était une bonne fortune qu'ils ont su mettre à profit. On ne peut le révoquer en doute après avoir lu leur ouvrage, dans lequel ils aiment à rendre hommage à la gracieuse hospitalité qu'ils reçurent de nos officiers, à l'intelligence de nos soldats, à la franche cordialité des uns et des autres. Aussi, en terminant leur Introduction et au moment d'entrer décidément en matière, font-ils la promesse d'un affectueux et profond souvenir à tous ces compagnons d'Afrique, quel que soit leur grade, dont les attentions et les procédés les ont vivement impressionnés.

Les *Mémoires sur l'Algérie* sont divisés en vingt chapitres, plus sept appendices. Dans la première partie, les auteurs ont adopté la marche qui leur a semblé et qui nous paraît aussi la plus naturelle.

---

(1) D. Luis de las Casas, qui remplit une semblable mission à la cour de Catherine II, et le comte de Colomeras, qui fut envoyé à l'armée de Frédéric II, et auquel l'Espagne doit la plupart des us et coutumes adoptés aujourd'hui dans la sienne.

Ils décrivent d'abord le pays au point de vue géographique et topographique, donnent un résumé de son histoire jusqu'en 1830, et un précis succinct de cette histoire sous la domination française. Après ces préliminaires indispensables, viennent l'organisation politique et militaire de l'Algérie, et les détails statistiques qui s'y rapportent. L'organisation et les mœurs de la société arabe prennent ensuite place dans le tableau, où les auteurs esquissent à grands traits la saisissante figure d'Abd-el-Kader, et les progrès de la colonie jusqu'à la fin de 1847.

Jusque-là, MM. de Sandoval et Madera, dans cette exposition si logique et si naturelle des diverses matières, n'ont fait que raconter. La critique a eu peu de place dans leur récit. Cette critique, ils l'ont plus spécialement réservée pour les chapitres qui suivent, et qui traitent de l'armée d'Afrique ainsi que des différentes armes qui la composent. L'infanterie, la cavalerie, l'artillerie, le génie ; la santé, la justice, l'administration militaire, la marine même, y sont tour à tour l'objet de nombreux détails et de sérieuses réflexions. Puis vient le chapitre spécialement consacré aux opérations et au système de guerre suivi en Afrique, et enfin celui des considérations générales.

Les appendices renferment un aperçu historique des événements dont l'Algérie a été le théâtre de 1847 à 1852 ; des notes sur l'administration publique, sur la statistique générale du pays ; des données sur le commerce, les travaux publics, la colonisation, des réflexions générales et, pour terminer, des documents historiques, tels que les différents traités conclus par divers généraux français avec l'émir Abd-el-Kader, etc.

Le premier chapitre du livre espagnol sur la colonie algérienne a pour but de donner au lecteur une idée complète de la géographie du pays, et de le mettre à même de suivre avec fruit l'étude qui lui est soumise. L'exposition des systèmes hydrographique et orographique de la côte nord de l'Algérie y est faite avec un ordre et une netteté remarquables. Rien n'y manque, ni le charme du style, ni l'exactitude, ni la couleur, quand ils viennent à dépeindre l'aspect général du pays, si différent dans le Tell et le Sahara, perspective immense que termine, à l'extrême horizon du désert algérien, la ligne des oasis.

Il n'est personne qui, en jetant les yeux sur une carte de l'Algérie, n'ait remarqué le parallélisme du Tell (1) et de la côte méditerranéenne, personne aussi qui n'ait constaté l'absence de ce parallélisme entre la côte elle-même et la limite du Tell et du Sahara (2). Le Tell, en effet, dans la province de Constantine, a une largeur presque double de celle qu'il occupe vers les confins du Maroc. La raison

---

(1) Région de terres de labour et des pâturages.
(2) Région du désert algérien.

de ce fait se trouve, suivant les auteurs espagnols, dans la constitution orographique du pays, dont l'hydrographie est, on le sait, la conséquence. Ils font à ce sujet la remarque assez curieuse que les cours d'eau, à l'une et l'autre extrémité du Tell, ont une direction diamétralement opposée à l'O. de l'Algérie ; ce sont les eaux du désert qui se rendent dans le Tell et semblent entraîner avec elles la sécheresse et l'aridité ; à l'E., au contraire, les cours d'eau vont du Tell au Sahara, et apportent à celui-ci la fraîcheur et l'abondance.

Nos côtes algériennes sont ensuite l'objet d'investigations nombreuses. MM. de Sandoval et Madera y constatent la pénurie presque totale de bons ports. Mers-el-Kebir (le *portus magnus* des Romains, qui est aujourd'hui le vrai port d'Oran), Mers-el-Kébir et Stora sont, prétendent-ils, les seuls ports de l'Algérie. Les autres n'ont pas de fond et sont incapables de recevoir des bâtiments d'un fort tirant d'eau. Quant à Alger, port artificiel, il est en dehors de ces considérations générales. Après Mers-el-Kebir et Stora, deux points à l'O. d'Oran, l'îlot d'Harchgoun, vis-à-vis l'embouchure de la Tafna, et Djemma-Ghazaouat (Nemours), au point de vue militaire comme à celui du commerce, seraient seuls dignes de quelque intérêt.

Les villes de notre colonie ne paraissent pas aux officiers espagnols mériter ce nom. Trois d'entre elles seulement pourraient y prétendre : Alger, l'*Icosium* des anciens, l'El-Dchetzaïr des Arabes, qu'ils ont reconstruite avec les ruines de la cité romaine et celles de *Rusgonium;* Oran et Constantine.

Les ruines répandues sur toute la surface du pays, la faune, les races, le climat, sont ensuite décrits en quelques pages rapides, mais avec la plus grande netteté. Les auteurs y mettent en grand doute la fertilité de l'Algérie, à laquelle on croit pourtant si universellement. Cette fertilité, assurent-ils, n'existe que dans certains parages, aux environs de la capitale, par exemple, où l'abondance des eaux influe d'une manière sensible sur les productions. En vain, ajoutent-ils, en vain allègue-t-on que cette réputation de fertilité subsistait déjà dans les temps anciens; Pline et Strabon n'ont voulu parler que de l'*Afrique propre*, c'est-à-dire de ce qui compose aujourd'hui la régence de Tunis. Ils pensent, d'ailleurs, que cette fertilité de l'Algérie, quand bien même elle eût existé dans les siècles passés, aurait bien pu disparaître par suite de cataclysmes qui auraient amené des conditions nouvelles dans la nature du terrain.

Nous avouons ne pas comprendre l'affectation que l'on met ici à ne pas reconnaître ce que tout le monde proclame, cette richesse du sol algérien que doivent augmenter encore, dans un avenir plus ou moins éloigné, les travaux et les progrès de la colonisation. Quoi! vous reconnaissez dans le passé la fertilité du pays de Carthage, et vous ne l'admettez pas dans toute l'étendue de ce pays qui descend des hauteurs de l'Atlas jusqu'à la côte, et qui, sous le nom de Tell, s'étend de l'orient de l'État de Tunis aux confins occidentaux du Maroc ; mais l'analogie seule devrait vous y conduire. Il nous semble qu'il y a là une erreur manifeste, et nous la constatons.

Le chapitre qui nous occupe est terminé par une liste des voies de communication, qui se subdivisent en routes perpendiculaires, routes parallèles et routes transversales relativement à la côte, et par un itinéraire tracé par journées de marche, avec indication des points intermédiaires entre Alger et Tombouctou, considéré comme le marché du désert.

Le chapitre II est un aperçu historique, concis, rapide, mais complet de l'Afrique septentrionale. D'après D. Crispin Ximenes de Sandoval et son collaborateur, il faut voir dans le Kabyle, qui de nos jours habite les sommets de l'Atlas, en Algérie, dans l'État de Tunis, dans le Maroc, le descendant des races autochthones, mêlé aux restes des Gétules et des Vandales. Le Kabyle a toléré toutes les conquêtes après leur avoir résisté, mais il ne les a jamais subies. A l'instar des Espagnols au VIIIe siècle, des Grecs lors de l'invasion ottomane, comme tous les peuples vaincus enfin, il s'est réfugié dans les montagnes, où il vit loin des Arabes. C'est là qu'il exhale sa haine invétérée pour ses conquérants, seule protestation désormais contre la présence d'un ennemi qu'il méprise.

Cette terre d'Afrique ne reçoit pas pour la première fois la civilisation européenne. Rome l'y répandit autrefois avec ses légions. Polybe et Salluste, dans d'admirables récits, ont fait connaître à la postérité les marches des Scipion, des Marius, des Métellus, dans cette contrée que défendirent avec gloire les Syphax et les Jugurtha. Plus tard, elle fut un des domaines les plus importants de l'Église chrétienne, qui y compta de nombreux martyrs. Puis vinrent les Grecs, les Vandales et leur grand roi, ce terrible génie, presque rival d'Attila, Genséric.

De toutes ces civilisations, de tout ce passé, il ne reste plus que quelques ruines, et du passage des Vandales, qui n'y furent jamais au nombre de plus de 150,000 hommes, que de rares traces, dit-on, dans quelques Kabyles aux cheveux roux des monts Aurès.

MM. de Sandoval et Madera pensent que les anciens habitants de l'Afrique avaient la même origine que les Arabes. Leurs usages, en effet, sont les mêmes; parfois leurs idiomes respectifs ont une étonnante analogie; les caractères physiques des deux races sont identiques; enfin, disent-ils, les uns et les autres ont les mêmes habitudes de guerre et de pillage. Il y a entre l'Arabie et l'Afrique septentrionale une conformité d'aspect qu'on ne saurait contester : « La végétation y est semblable, la race « des chevaux sensiblement la même. Les fils de « l'Hedchaz et de l'Yémen avaient donc devant eux

« une conquête facile, puisque, envahisseurs et
« tribus à conquérir, se croyaient tous enfants
« d'Ismaël. »

C'est avec cette conviction que M. de Sandoval
et M. Madera y Vivero développent la conquête de
la Barbarie par les sectateurs de Mahomet, en 647.

L'établissement de l'Odjeak d'Alger, par les frères
Barberousse, et l'histoire de cette république militaire jusqu'en 1830, sont ensuite parfaitement
exposés. Les auteurs y décernent les plus grands
éloges aux Turcs, qui, par leur politique, leur
organisation militaire, leur bravoure, comme aussi
« par la faculté particulière à cette race de do-
miner les autres, » ont su maintenir, pendant trois
cents ans, le pays sous leur complète dépendance.

Mais un fait sur lequel ils passent légèrement,
c'est celui de l'établissement des Espagnols en Afrique, à Mers-el-Kébir, à Oran, à Alger même, où ils
bâtirent le fort du Penon, à l'endroit même où se
trouve actuellement le phare. Quel était le motif
de cette prise de possession ? Les auteurs prétendent que ce fut là une réaction des rois catholiques
contre les Maures, qu'ils avaient chassés d'Espagne.
Nous pensons que ce fut plutôt pour défendre, contre les pirates, les galions chargés de richesses qui
revenaient de l'Amérique, dont Christophe Colomb
venait de doter la couronne de Castille. Ce fut
donc l'intérêt qui fit alors agir nos voisins de la
Péninsule. En 1830, ce fut le sentiment de l'hon-

neur qui amena le drapeau de la France sur la plage africaine. On conviendra que ce motif est au moins aussi plausible que le fut jadis celui de leurs nombreuses expéditions.

Le chapitre qui suit passe en revue le gouvernement, les forces et l'état du pays avant notre apparition, fournit des détails assez circonstanciés sur la milice turque et les autres forces de la régence, sur la justice en général, la forme du gouvernement et l'administration chez les Arabes et chez les Kabyles, enfin sur le commerce et les revenus de l'Odjeak.

Il nous a semblé que la part faite aux Turcs, en fait d'habileté, était belle on comparaison de celle qu'on veut bien départir à la France. Les Turcs, disent les auteurs, ont pu maintenir le pays avec 15,000 hommes. Les Français, avec d'immenses moyens, ont à peine obtenu ce même résultat. A cela nous répondrons qu'on a fait une appréciation erronée de la position respective des deux peuples, ainsi que des faits eux-mêmes. En effet, au début de leur conquête, les Barberousse virent de toutes parts se soulever contre leur puissance les Arabes et les Bédouins, qui firent même, à cette occasion, appel aux Espagnols, leurs mortels et infatigables ennemis. Plus tard, les Turcs eurent moins de peine à contenir le pays, cela est vrai ; mais, premièrement, ils étaient, quoique d'une secte différente, de la même religion que les vaincus, et jamais il ne se trouva, parmi ces derniers, de saint, de

marabout pour prêcher la guerre sainte, comme
l'ont fait de nos jours Bou-Mezzag, Abd-el-Kader,
Bou-Maza et tant d'autres. « Les Turcs, dites-
« vous, laissaient les populations en repos; ils
« leur laissaient leurs us et coutumes, mais se
« montraient énergiques quand il fallait faire
« rentrer l'impôt. Ils mettaient aussi à profit la
« maxime romaine, *diviser pour régner.* » Mais que
faisons-nous donc, nous, Français? Notre tolérance et notre respect pour la religion et les coutumes des Arabes ne sont-ils pas assez grands, et
n'avons-nous pas emprunté à l'organisation et à
l'administration turques tout ce qu'elles pouvaient
avoir d'immédiatement utile pour nous? L'énergie des Turcs, ne l'employons-nous pas comme
eux sous la forme de razzias, que nous voyons tour
à tour accepter ou proscrire par les auteurs des
Mémoires, suivant que les uns ou les autres en font
usage?

Dans la portion de leur ouvrage où MM. de Sandoval et Madera présentent l'histoire de l'Algérie
française, de 1830 à 1847, nous constatons encore,
et presque à chaque page, une appréciation erronée
ou partiale de faits capitaux, comme aussi de l'administration de quelques gouverneurs généraux ou
commandants de cercles militaires. La relation de
l'expédition de 1830, celle du débarquement, pui-
sées toutes deux aux sources officielles, sont scru-
puleusement et longuement traitées. Les deux officiers y rendent une égale justice à la valeur et à la

discipline de nos troupes; mais on regrette bientôt d'y voir accuser ces mêmes soldats de forfaire, par leurs cruautés, aux principes d'une civilisation dont la France s'énorgueillit à juste titre. Ils incriminent la conduite du maréchal Clausel pour son expédition de Blidah, pour la façon vigoureuse dont il se vengea des attaques incessantes des Bédouins; ils blâment hautement l'énergie avec laquelle le duc de Rovigo, en 1832, vengea sur la tribu des Oufias, le massacre des députés arabes à leur retour d'Alger, où ils étaient allés implorer des secours contre le bey de Constantine. « Rovigo, disent-ils, marcha contre la tribu insoumise, et les troupes la saccagèrent avec une *froide satisfaction!....* » L'affaire des grottes du Dahra, l'esprit des proclamations qu'à diverses reprises le maréchal Bugeaud et d'autres généraux adressèrent aux Arabes, sont l'objet d'une critique tout aussi *sévère.* L'épisode du Dahra y est qualifié d'acte d'anthropophages, les razzias considérées comme des faits d'un vandalisme indigne d'un peuple civilisé. Il serait plus simple d'avouer qu'on ne veut pas nous pardonner notre conquête, et que tous nos actes sont jugés au point de vue du regret et de l'envie qu'elle inspire. Mais ces actes que vous incriminez, qui les a rendus nécessaires? ces razzias, qui les a suscitées? L'Arabe, alors qu'il se refusait obstinément à payer l'impôt ou à une réparation complète d'un acte de rébellion, alors que tous les moyens de conciliation avaient été employés, et toutes propositions rejetées, il fallait bien que *la poudre parlât*, ainsi que disent les Arabes eux-mêmes, et ils ne se sont jamais rendus qu'à cet argument irrésistible. C'est la lutte incessante, acharnée que nous a faite Abd-el-Kader, qui nous a forcés à prendre ce qui n'était pas encore à nous, pour conserver ce que nous possédions, au milieu de conflits, de luttes, de soulèvements que lui seul a suscités. Vous parlez de la froide cruauté de nos troupes ! Mais ce que vous avancez là ne s'accorde guère avec ce que vous dites parfois de la générosité du soldat français, de ses officiers, qui, après la lutte meurtrière, malgré cette exaltation qui suit toujours une action de guerre, émus de pitié pour les femmes, les enfants des vaincus, leur ont souvent donné, avec la vie, les moyens de regagner leur famille et leur tribu, alors qu'ils pouvaient fort bien les retenir prisonniers.

Pourquoi ces récriminations, pourquoi aussi cette dépréciation continuelle de nos faits de guerre ? Pourquoi dire, par exemple, que la prise de Bone par le général Trézel eut lieu à la suite d'un débarquement qui se fit *sans trop de difficultés?* Pourquoi amoindrir la gloire de la défense de Mazagran? Vous l'avez, dites-vous, entendu juger ainsi par des officiers français. Certes, notre armée est assez riche en gloire pour pouvoir en gaspiller impunément quelque parcelle ; mais lors même qu'elle a le droit de le faire, il est à regretter que certains de ses membres ne pensent pas qu'il faille plus d'à-propos dans leurs confidences. Quant à la prise de la Sma-

lah, elle fut, dites-vous, louée outre mesure; ce ne
fut rien qu'une « marche forcée, qui permit d'exé-
« cuter une razzia et de faire prisonnière une foule
« pour ainsi dire sans défense. » Est-il bien prudent
d'avancer une semblable opinion? peut-on penser
qu'en effet la smalah d'Abd-el-Kader, qui contenait
tout ce qu'il avait de plus précieux, où se trouvait
sa famille entière, fût ainsi exposée sans défenseurs,
au beau milieu d'une campagne contre les Français?
Non, et l'histoire est là qui nous apprend qu'outre
cette foule innombrable, qui composait la population de cette capitale nomade comme lui, Abd-el-
Kader y avait, entre autres forces, une notable partie
de ses réguliers et la guerrière tribu des Hachem.
La prise de la smalah fut en réalité un brillant coup
de main. 500 cavaliers seulement, ayant à leur tête
le duc d'Aumale, l'exécutèrent. Ce fut un acte mer-
veilleux, soit; mais était-ce donc la première fois
que des Français opéraient un pareil prodige?

D'autre part, pourquoi poser continuellement les
Arabes en victimes, les représenter comme *inhabiles*
dans les combats et luttant contre nous dans des
conditions si notoirement inférieures, que c'est
charger son âme que de s'attaquer à des êtres aussi
faibles, j'ai presque dit aussi inoffensifs?

Qui prétend-on abuser par de semblables récits?
L'histoire impartiale se chargera, si vous ne le
voulez, de nous absoudre pour notre conquête et
pour la position considérable que nous avons prise
en Afrique. Toutefois, il est vrai de le dire, les

deux officiers espagnols ont une parole noble et digne pour l'expédition si malheureuse du général Levasseur dans la province de Constantine (1846). « Ce général, disent-ils, ne mérita pas le blâme « avec lequel on sembla vouloir caractériser sa « conduite. *Les malheurs de cette sorte n'entraînent* « *aucune honte.* »

Pour les documents relatifs à l'organisation politique, militaire et administrative de l'Algérie, ainsi que la partie du livre qui traite de la société arabe et de la société kabyle, les deux auteurs ont eu recours à leurs propres observations, aux pièces officielles publiées en France; aussi leur compte-rendu est-il d'une grande exactitude. Ils semblent aussi s'être inspirés parfois des ouvrages si poétiques d'un observateur consommé, M. le général Daumas, aujourd'hui bien connu comme littérateur, en dehors même de la sphère militaire, et par les hommes d'étude et par les gens du monde.

M. le brigadier de Sandoval et son collaborateur ne tarissent pas d'éloges à l'endroit de l'institution des bureaux arabes. C'est, disent-ils, la pensée la plus féconde des Français, sous quelque rapport qu'on l'envisage, et qui fut mise à exécution quand cessèrent les incertitudes du gouvernement sur la marche à suivre en Algérie. La séparation des deux races, française et indigène, leurs mœurs, usages, religions, idiomes respectifs, doivent, quoi qu'on fasse, durer longtemps encore. Les bureaux arabes, dans de semblables conditions, rendront encore des services incalculables. Ces messieurs ne pensent pas toutefois qu'ils aient acquis tout le développement auquel ils sont appelés et qu'ils atteindront nécessairement ; car il n'est pas présumable que le gouvernement écoute les idées que beaucoup de gens voudraient faire prévaloir en France, celles d'une assimilation complète de la colonie à la métropole, où se rencontrent, et dans la presse et ailleurs, des ennemis du système du sabre en Afrique.

Le chiffre officiel de 3 millions d'âmes, donné comme expression de la population indigène, paraît à nos auteurs fort exagéré. L'étude des documents originaux, leurs propres observations, faites en parcourant une foule de tribus, les renseignements nombreux et verbaux recueillis dans le pays, ainsi que les calculs de personnes impartiales, les autorisent, prétendent-ils, à émettre cette opinion.

« Ce n'est pas qu'ils veuillent par là diminuer
« la valeur de l'Algérie pour la France au point de
« vue colonial ; car si une nation nombreuse est
« une richesse pour le peuple conquérant, c'est à
« la condition qu'elle se fondra avec la race nou-
« velle. Or, c'est ce qui n'a pas lieu en Afrique. Là
« comme ailleurs, et plus qu'ailleurs en pareille
« circonstance , les deux races restent éloignées
« l'une de l'autre. C'est la loi fatale de la civili-
« sation. Ce que les Européens ont fait dans l'Amé-
« rique du Nord, les Français le feront dans leur
« colonie : ils anéantiront ou chasseront les Arabes.

« Quant à ceux-ci, ils ne se mêleront jamais à leurs
« envahisseurs. »

Et déjà, continuent-ils, on peut constater que,
depuis la conquête, la nation arabe (les Kabyles
n'en font pas partie), a sensiblement diminué par
la guerre, la maladie ou l'émigration. La population juive est restée stationnaire. Quant à la population européenne, c'est encore un tout hétérogène,
d'où sortira peut-être plus tard un peuple neuf
avec son caractère particulier ; mais, de nos jours,
ce n'est en réalité qu'une bizarre mosaïque.

Ce jugement de nos deux critiques nous paraît
très-absolu en ce qui touche les Arabes, et nous ne
voyons pas que l'expulsion ou l'extinction des indigènes soit nécessairement dans les arrêts du destin. Le gouvernement français a un moyen certain
d'échapper à cette triste alternative, que son intérêt aussi bien que l'humanité proscrivent. Nul
doute qu'un jour viendra où nous le verrons em-
ployer tous ses efforts à amener le mélange des
deux races par des mariages entre les Européens et
les femmes indigènes, en commençant par l'union
des filles d'hommes puissants dans le pays avec des
officiers de notre armée. De pareilles alliances, qui
ne sauraient manquer d'être favorablement accueil-
lies par les Arabes, encouragées par le gouvernement, nous donneraient certainement plus d'influence dans les tribus que ne le feraient de nombreuses razzias, et attireraient plus de sympathies à
notre cause que des moyens de violence.

Ici commence, dans le livre que nous analysons, la série des chapitres exclusivement militaires. Les deux collaborateurs, il ne faut pas l'oublier, sont gens du métier et observateurs fort intelligents l'un et l'autre. Il sera donc intéressant pour nous, militaires, de connaître l'opinion qu'on a à l'étranger de notre armée et de notre système de guerre, et l'appréciation que l'on fait de nos efforts pour implanter, d'une manière durable, et notre civilisation et notre puissance en Afrique.

Et tout d'abord, nous devons le dire, dans cette deuxième partie de leur livre, MM. de Sandoval et Madera nous ont semblé avoir une allure plus libre et une préoccupation moins grande du fait désormais accompli de la conquête. Désormais ce ne sont plus que des artistes, pour ainsi dire, qui jugent en connaisseurs les choses de leur métier. Il semble qu'au contact de nos soldats, ont complétement disparu et cette réserve castillane et cette *bouderie*, dont le patriotisme de ces messieurs n'avait pu se défendre jusqu'alors.

L'infanterie d'Afrique est la portion de l'armée dont ils s'occupent d'abord, comme la plus importante par sa masse et son influence morale. Ils en décrivent la composition, le mode de recrutement, l'armement, l'équipement, l'habillement avec de minutieux détails. Ils rendent hommage à son instruction, à la ponctualité avec laquelle s'y fait le service, bien différente, disent-ils, du laisser-aller que sous ce rapport on remarque dans l'armée espagnole. L'arme des chasseurs à pied, véritable et seule infanterie légère, ne répond cependant qu'incomplétement, selon eux, à cette dénomination. Ils trouvent que l'armement y est encore trop lourd (1). Ils n'approuvent pas que, dans notre méthode de charger, nous mettions la capsule avant d'avoir inséré la cartouche dans le canon, contrairement à ce qui se fait en Espagne et, croyons-nous, en Angleterre, cette manière d'opérer pouvant avoir de grands dangers. Ils constatent le peu de soins donné aux manœuvres et l'irrégularité de la tenue des troupes, irrégularité qu'ils comprennent toutefois sous un climat aussi pénible que celui de l'Afrique. Ils proclament bon l'usage du képi, auquel cependant ils préféreraient l'usage du chapeau de feutre blanc. Cette dernière coiffure doit, suivant eux, inévitablement destituer toutes les autres dans les armées européennes, malgré son aspect peu militaire, et bien que l'adoption récente du casque par les puissances du Nord vienne donner à leur opinion un démenti momentané.

Ce qu'ils n'approuvent pas, c'est le relâchement de la discipline, toléré par certains colonels, non plus que l'emploi des soldats aux travaux d'utilité

---

(1) Il est vrai qu'à l'époque dont parlent les auteurs, les chasseurs à pied étaient encore armés de la grosse carabine.

publique (1). En Afrique particulièrement, c'est, prétendent-ils, « protéger directement les intérêts « des particuliers au prix de la fatigue et de la « santé du soldat en favorisant la colonisation, et « cela, sans avoir modifié les conditions auxquelles « on demande au pays la fleur de sa jeunesse pour « servir avec les armes. »

Ils déclarent pourtant, « à l'honneur de la vérité et de l'armée d'Afrique, » que le soldat supporte, sinon avec joie, du moins avec résignation, des travaux dont il sait reconnaître l'utilité générale. Mais quand le but est autre, ajoutent-ils, il le découvre promptement, et alors il chansonne tout le monde, il fait entendre des mots à double sens, parfois même des murmures... Il murmure : cela, chez nous, n'a rien de bien sérieux. L'esprit frondeur a toujours été un des côtés du caractère national. Sous Mazarin, on chansonnait aussi. Plus tard, les soldats de l'empire, dont le type a été immortalisé par Charlet et par Raffet, eux aussi murmuraient ; ils *grognaient,* comme on disait alors, *mais ils marchaient.*

MM. de Sandoval et Madera préféreraient pour l'Afrique, puis qu'on est décidé à la garder, une armée permanente qui lui fût propre, comme sa cavalerie. Il en résulterait, selon eux, moins de

---

(1) Cette question a été débattue et résolue par le maréchal Bugeaud, les généraux Oudinot et Duvivier.

charges pour le trésor et de meilleures conditions
de toute nature. Soit! Mais n'y aurait-il pas
aussi, dans l'adoption trop exclusive d'une pareille
mesure, un inconvénient plus grave que ceux
que l'on signale? Nul doute que la pensée n'en
soit venue au ministre qui dirige si habilement
aujourd'hui l'administration de la guerre; et si sa
circulaire de 1852 n'a été qu'une application res-
treinte de ce principe aux régiments de zouaves,
c'est qu'il y a eu pour cela de graves motifs. L'é-
change continuel de troupes entre l'Algérie et la
métropole, outre qu'il a pour but de former aux
fatigues de la guerre un plus grand nombre d'hommes, n'aurait-il pas lieu aussi en vue d'empêcher
un isolement trop complet de l'Algérie par rapport à la France, de l'Algérie qui ne serait plus
ainsi que le domaine de quelques-uns, d'une caté-
gorie de Français, pour ainsi dire?

Les auteurs espagnols préféreraient, pour notre
armée d'Afrique, l'organisation par bataillons à
à celle qui existe par régiments, les trois bataillons
des régiments de zouaves et de la légion étrangère
n'étant jamais réunis. Cette opinion est diamétralement opposée à celle qu'exprime le maréchal
Marmont dans son *Esprit des institutions militaires*,
où il pose en principe que le régiment est une formation essentiellement administrative, dont l'organisation coûte moins que celle d'un nombre égal
de bataillons isolés les uns des autres. « Dans un
« régiment, dit le duc de Raguse, l'esprit de corps

« est plus énergique, parce qu'il y a plus d'in-
« dividus concourant à sa gloire. Avec une pa-
« reille force, il est plus facile de faire de grandes
« choses. (1) »

Nous avons remarqué avec plaisir, dans les *Mémoires sur l'Algérie*, une charmante peinture du
soldat français en Afrique. Qu'on nous pardonne
de la transcrire ici dans son entier. Nous avons
pensé que, comme nous, chacun serait heureux
de voir l'appréciation flatteuse que nos braves
soldats ont su inspirer à des étrangers même,
par ce dévouement, ce sentiment du devoir, cette
bravoure, ces mille qualités enfin, dont ils ont
toujours donné tant de preuves.

« Dans ces jeunes gens, disent MM. de Sandoval
« et Madera, dans ces jeunes gens brunis par le
« soleil, légèrement vêtus, énormement chargés,
« plus habitués à la tente qu'au quartier, à ma-
« nier les outils que le fusil, on reconnaît le vrai
« type du soldat français. La plus insignifiante
« escarmouche les transporte; *ils respirent la guerre.*
« Leur bonheur est d'en parler sans cesse ou de
« raconter les batailles de l'empereur. C'est une
« grande qualité dans une troupe que l'existence
« de cet esprit militaire, et c'est en quoi les Fran-
« çais l'emportent sur tous les autres peuples.

« A peine la recrue a-t-elle échangé ses vête-

______

(1) *Esprit des Institutions militaires*, 2ᵉ partie, chap. I,
p. 42.

« ments civils pour la modeste capote du soldat, et
« le chapeau pour le képi, que déjà elle se croit un
« guerrier d'une certaine importance, et ce senti-
« ment lui donne la force de surmonter la rude vie
« de son nouvel état. Le plaisir qu'elle éprouvera,
« à son retour d'Afrique, à raconter ses campa-
« gnes, à décrire les mœurs arabes, lui fait déjà
« oublier ses fatigues présentes. Le désir de sem-
« blables aventures qu'elle excitera chez les au-
« tres, par le récit de son existence en Algérie, le
« prestige qu'elle compte bien acquérir ainsi, sont
« un des stimulants les plus réels pour l'obtention
« du ruban rouge de la Légion-d'Honneur. »

La cavalerie n'est pas l'objet d'une attention
moins scrupuleuse de la part de nos auteurs.
Chasseurs d'Afrique, spahis, makhzen, khiélas,
goum, etc., ils passent tout en revue. Le makhzen
et le goum sont ce qu'ils étaient sous les Turcs, ce
qu'ils ont été toujours. Ils en décrivent seulement
la composition et la force; mais toutes leurs observations portent sur la cavalerie régulière. Les
chasseurs d'Afrique, particulièrement, leur inspi-
rent une admiration qu'ils ne cherchent pas à dé-
guiser; tout au contraire, dans le courant de leur
livre, ils ne laissent pas échapper une seule occasion de s'exprimer d'une façon toute louangeuse
sur le compte de ces beaux régiments, qui ont rendu
en Afrique de si éminents et de si brillants services.

« Ils réunissent, disent-ils, toutes les conditions

« qu'on peut demander à une cavalerie légère :
« simplicité, légèreté, adresse. Ils sont véritable-
« ment l'*une des créations les plus heureuses aux-*
« *quelles* ait donné lieu la guerre d'Afrique ; c'est
« une de celles qui *méritent le mieux d'être étudiées*
« *pour être imitées.* »

Et plus loin ils disent encore :

« Les Français ont voulu une cavalerie qui riva-
« lisât en légèreté et en rapidité de mouvements
« avec la cavalerie indigène. Les chasseurs d'Afrique
« remplissent complétement ce but. En même temps
« qu'ils sont une cavalerie excellente, ils sont *les*
« *vrais, les seuls dragons* que nous concevions. Les
« régiments de cette arme sont en France de la ca-
« valerie de ligne plus que tout autre chose. Les
« chasseurs, au contraire, instruits au maniement
« du fusil et au service à pied, utilisent forcément
« cette instruction. Quand ils n'ont pas avec eux
« d'infanterie, ils savent fort bien y suppléer ; mais
« pour la mêlée comme pour la poursuite, il leur
« faut absolument des chevaux arabes. »

. . . .

. . . .

« A la première vue, personne n'est saisi par la
« beauté de leurs chevaux, par les ornements de
« leur uniforme, ni par le luxe du harnachement de
« leurs montures ; mais, en revanche, nous pouvons
« en appeler au témoignage de tous les officiers in-
« telligents des armées d'Europe qui les ont vus : ils
« sont unanimes dans l'appréciation complétement

« louangeuse qu'ils font de cette brillante cava-
« lerie. »

Il est impossible, croyons-nous, de faire un éloge
plus absolu de nos braves chasseurs. Aussi n'avons-
nous pu résister au désir de le reproduire en entier.

M. de Sandoval et son collaborateur sont loin
de priser autant les spahis. Ils les considèrent
comme de la cavalerie très-médiocre, formée d'é-
léments hétérogènes, et bien éloignée des conditions de son organisation première. C'est un corps
dispendieux, qu'il faudrait supprimer, selon eux,
car le but de sa création est complétement man-
qué. On l'avait institué pour permettre aux fils des
familles influentes du pays d'y servir la France ;
mais l'acceptation qui eut lieu par la suite d'indi-
vidus de toute provenance, pourvu qu'ils se pré-
sentassent sous un nom musulman, et d'autre part,
l'impossibilité, pour les indigènes, d'arriver à un
grade élevé dans ce corps, en ont éloigné peu à peu
les fils des riches familles, auxquels il répugnait
de se trouver en contact avec des esclaves ou des
gens du plus mauvais renom. Ils blâment en outre
l'idée qu'on a eue d'introduire dans les spahis la
discipline et le service à la française, dont les mi-
nuties sont incompatibles avec le besoin inné chez
l'Arabe d'une complète indépendance.

Il y a dans tout ceci, de la part de nos critiques,
une opinion tout au moins hasardée. Les spahis
ont en effet, bien qu'ils ne l'aient pas reconnu, un

service tout spécial en Algérie ; et si, comme cavalerie régulière, ils n'ont pas toujours fourni d'excellents résultats, il serait vraiment impossible, dans maintes circonstances spéciales, de les remplacer. Ce sont d'excellents tirailleurs, et aucune troupe ne pourrait être employée aussi utilement dans les conduites de convois. En outre, le rôle d'espion en Algérie ne saurait être confié à d'autres qu'à des spahis. Eux seuls peuvent avoir dans les tribus cette influence considérable qu'on doit rechercher avec soin chez nos agents, et dont jouit exclusivement tout musulman pourvu à quelque titre que ce soit d'un mandat du gouvernement. Eux seuls sont capables, dans un moment donné, de trouver chez leurs coreligionnaires les ressources nécessaires en chevaux, chameaux, etc., que tous autres, les chasseurs d'Afrique même, seraient inhabiles à nous procurer. Comme troupes irrégulières enfin, ils peuvent être dans l'avenir une chose précieuse pour la France, et remplir, dans nos armées, le rôle dont s'acquittent si bien les Cosaques dans les armées russes.

Le système des remontes adopté pour notre cavalerie d'Afrique, son équipement, son habillement, son armement, son instruction, l'emploi de cette cavalerie même, qu'ils appellent l'*arme spéciale* de l'Algérie, sont, pour MM. de Sandoval et Madera, autant de sujets d'une critique éclairée et sérieuse. Pour ce qui est de ce dernier objet, entre autres (l'emploi de la cavalerie), ils sont de l'avis de M. le général de Bourjolly : ils pensent que cette arme est trop peu nombreuse dans notre colonie. La cavalerie, suivant eux, n'est pas une arme auxiliaire. Son rôle, tactiquement et stratégiquement parlant, lui assigne un rang supérieur à celui qu'il est de principe de lui reconnaître. Elle peut *seule* assurer la possession du champ de bataille.

« C'est là une vérité, et surtout en Afrique, pays
« de grandes plaines, où les hauteurs seules sont
« inaccessibles. La cavalerie peut y manœuvrer
« partout. D'un autre côté, l'arme principale de
« l'Arabe, c'est le cheval. Sans cavalerie donc, sans
« une cavalerie nombreuse et bien organisée, l'in-
« fanterie est entièrement inutile. »

Vient ensuite le tour de l'artillerie. Après en avoir dit la composition, le mode de recrutement, la nature et le service en Afrique ; après avoir reconnu que, depuis la conquête, elle y avait soutenu dignement la bonne réputation qu'elle s'est acquise dans l'armée française, les auteurs prétendent toutefois que nos batteries de montagnes sont inférieures à celles de l'Espagne, comme du reste, précédemment, ils n'ont pas hésité à avancer que l'infanterie espagnole était la première infanterie du monde. C'est là le fait d'un patriotisme trop respectable pour que nous osions le critiquer. Nous sommes au contraire tout prêts à reconnaître les éminentes qualités de l'armée espagnole. Elle sut maintes fois, même dans ses défaites, conquérir une gloire impérissable. Nous proclamons loyalement aussi les précieuses vertus d'un soldat qui ne demande que de bons généraux pour être digne de ses ancêtres. Ces derniers surent conquérir à leur pays, et l'Italie, et les Flandres, et l'Afrique même. Le malheur trompa seul les héroïques efforts des troupes de Charles-Quint.

Pourtant, que ces messieurs ne disent pas que le soldat espagnol méconnaît ou dédaigne le bien-être que *recherche le moindre paysan français*..... « que, « dans aucune armée étrangère, on ne peut exiger « plus avec moins d'éléments des troupes d'infan- « terie.... » — « Que, pour des étrangers, il n'est « peut-être pas imaginable qu'on puisse faire une « campagne ni compter sur le soldat, du moment « que lui manquent et la paie et les vivres.... » On est alors obligé de se rappeler que MM. de Sandoval et Madera, écrivant pour l'Espagne, n'étaient nullement obligés de convenir que les troupes françaises avaient, elles aussi, maintes fois fourni un pareil exemple, notamment en Hollande et dans les premières campagnes d'Italie.

Mais revenons à l'artillerie d'Afrique. Les deux officiers espagnols pensent que, du moment que le gouvernement s'est décidé à garder la colonie, il eût dû y créer une artillerie spéciale permanente. Ils s'étonnent que le ministre de la guerre, M. le maréchal de Saint-Arnaud, auteur du décret du 13 février 1852, n'ait pas étendu à l'artillerie les raisonnements qu'il a fait valoir pour l'infanterie et pour la cavalerie d'Afrique; qu'en un mot,

on n'ait pas fait pour elle ce qu'on a fait pour
les chasseurs, dont la création fût, de l'avis de
tous, une pensée si heureuse. Nous le répétons, il
est possible que le principe auquel est due l'organisation des chasseurs ne puisse être généralisé
sans inconvénient, et qu'on ait craint, en définitive,
de créer une armée qui, à la longue, deviendrait
distincte de l'armée nationale.

Pour ce qui est du service de l'artillerie dans
l'ancienne régence, on a, suivant les auteurs, trop
sacrifié la défense des côtes à l'établissement de
points fortifiés à l'intérieur. Dans de pareilles conditions, ajoutent-ils, en cas d'une guerre avec
l'Angleterre, cette puissance serait fort à craindre.
« Si le gouvernement français veut à tout prix
« conserver l'Afrique, qu'il fortifie le littoral, qu'il
« y réunisse un matériel nombreux. C'est là qu'est
« son véritable emploi, là seulement que l'artillerie
« sera nécessaire. Pour ce qui est d'Alger, un temps
« viendra (après l'achèvement de son port) où on
« y établira nécessairement des batteries casema-
« tées, avec des canons à la Paixhans. »

Les fusées à la Congrève sont, ils le pensent,
appelées à jouer un jour un grand rôle et à lutter avec l'artillerie sans trop de désavantages.
Leur usage contre les masses et contre les ouvrages est d'une utilité incontestable, bien qu'en
Afrique on les emploie plutôt à titre d'observation et d'étude que comme ressource offensive.

Nul doute, pensent-ils, que dans une guerre européenne on ne découvre combien elles peuvent être utiles.

C'est aussi l'avis de quelques esprits éclairés en Europe et forts compétents dans la matière. M. Brussel de Brulard, ancien officier supérieur d'artillerie, a fait, en faveur de cette arme nouvelle, une brochure pleine d'intérêt et d'enseignement (1).

M. le maréchal Marmont se prononce aussi catégoriquement pour leur emploi dans la guerre de montagne, qu'elles sont appelées à modifier profondément par l'introduction d'un rôle tout nouveau de l'infanterie dans les armées modernes (2).

Il consacre à cette artillerie d'un nouveau genre quelques pages qui provoquent une sérieuse attention, car il la préconise avec une chaleur peu commune, et son opinion doit être d'un grand poids eu égard à son mérite incontesté et aux connaissances spéciales qu'il a comme ancien officier de l'arme de l'artillerie. « L'emploi des fusées rendra, écrit-il, « les actions plus vives et d'un effet moral plus « grand. Elles diminueront et la durée des batailles « et l'effusion du sang, car ce qui donne la victoire, « ce n'est pas tant le nombre d'hommes qu'on tue « que le nombre de ceux qu'on effraie. »

---

(1) Mémoire sur les fusées de guerre, fabriquées à Hambourg en 1813 et 1814, et à Vincennes en 1815 ; Paris, 1853.

(2) C'est lui qui, en 1803, modifia en partie le système de M. de Gribeauval.

Les détails donnés à propos du corps du génie et
de ses attributions en Algerie sont aussi nombreux
et aussi minutieux que pour les autres armes.
MM. de Sandoval et Madera reconnaissent la haute
importance de ce corps, qui est l'instrument presqu'exclusif de la colonisation et qui a tout à créer
autour de lui : casernes, hôpitaux, ouvrages de
campagne, fortifications permanentes, telles que
celles d'Alger, Lalla-Maghrnia (1), routes, chemins,
ports, etc., etc.

Ils donnent de grands éloges à ce corps d'une
activité infatigable, et dont les travaux nombreux
augmentent chaque jour la précieuse expérience.
A ces éloges, pourtant, se mêlent quelques reflé-
xions critiques. Ainsi, ils s'étonnent du nombre
immense des travaux entrepris dans une contrée
qui n'est encore qu'incomplètement soumise, et
qui de longtemps encore ne pourra compenser par
ses produits les sommes énormes qu'elle engloutit.
Descendant ensuite dans les détails, ils blâment
les plans adoptés pour la construction des hôpitaux,
qu'ils préféreraient à un seul étage pour raisons
diverses d'hygiène et de solidité. Ils reconnaissent
qu'il existe en Afrique quelques bonnes routes ;
mais elles sont, suivant eux, très-rares et généralement mal distribuées. La cause en est aux circonstances de la guerre et à l'insoumission des Kabyles.

––––––––––––

(1) Le point le plus fortifié qui soit dans l'intérieur.

La marche suivie pour la construction des routes n'a pas toujours été, pensent-ils, des plus logiques. Souvent on en a commencé l'exécution avant que le projet fût définitivement arrêté. D'autre part, les travaux se sont ressentis des conditions dans lesquelles ils ont été exécutés. Leur entretien n'a pu être bien entendu, par suite du défaut de surveillance, des pluies torrentielles d'une saison, la longue sécheresse de l'autre, etc. Le plan, disent M. de Sandoval et son collaborateur, que l'on doit suivre désormais dans l'établissement des routes, est le même que suivirent autrefois les Romains. Ils créèrent un réseau de communications qui unissait entre eux les principaux centres de population, dont les unes étaient perpendiculaires à la côte et les autres au contraire lui étaient parallèles.

La composition du corps d'état-major et ses attributions en Afrique sont ensuite l'objet d'observations nombreuses dans le livre qui nous occupe. Les deux officiers espagnols y rendent hommage à la bonne organisation du service ainsi qu'au mérite des officiers de l'arme, dont les occupations sont si complexes dans notre colonie.

Le service de santé et les hôpitaux ont été à leur tour l'objet d'une attention toute spéciale de la part de nos explorateurs. Ce service, ils l'ont étudié dans les marches, dans les camps, dans les établissements permanents des villes, car ils ont compris quelle devait être son importance sous un climat tel que celui de l'Algérie.

Ils ont visité en détail l'hôpital du Dey à Alger ; ils en font le plus complet éloge et le regardent comme digne, sous tous les rapports, d'être offert en exemple.

Ces messieurs ne sont nullement partisans, nous l'avons déjà dit, des grands hôpitaux à plusieurs étages, à vastes salles, situés au milieu des villes. L'air s'y charge de miasmes délétères, et engendre des épidémies, fatales même aux populations environnantes. Ils préfèrent de beaucoup le système de baraques de l'hôpital du Dey, où tout est si bien disposé pour atteindre le but qu'on se propose, le prompt retour des malades à la santé. En Afrique, où le terrain appartient au gouvernement, on peut aisément étendre les constructions autant qu'on le désire, au lieu de superposer des étages, comme on est obligé de le faire dans les villes, disposition si fâcheuse à plus d'un titre.

Il n'est pas jusqu'à la situation de cet hôpital, ancienne maison de plaisance du dey, situé en vue d'Alger, et de sa campagne si riche et de la mer au spectacle toujours nouveau, qui n'ait leur complète approbation :

« Bien que cette particularité d'une belle situa-
« tion, disent-ils, puisse paraître indifférente à
« beaucoup, elle ne sera pas jugée ainsi par ceux
« qui connaissent, par expérience, combien est
« triste le séjour de l'hôpital. On doit donc, autant
« que possible, chercher dans cette espèce d'éta-
« blissement, à joindre à sa distribution et aux

« conditions hygiéniques, celle d'une vue agréable,
« et le placer dans des circonstances qui contri-
« buent à distraire et à récréer l'esprit des malades.
« La nature elle-même semble nous indiquer qu'il
« faut nous éloigner des lieux bas, sombres et tristes.
« C'est sur les lieux élevés que sa beauté est la plus
« grande ; c'est là aussi qu'on constate les pro-
« priétés hygiéniques les plus désirables. »

Dans leurs visites nombreuses à l'hôpital du Dey,
M. de Sandoval et son collaborateur ont toujours
remarqué une régularité dans le service, une exactitude dans l'accomplissement des devoirs de chacun, qu'ils enregistrent avec soin.

Les hôpitaux construits en dernier lieu leur paraissent bien préférables à ceux qui l'ont été plus
anciennement. D'abord, ils n'ont que deux étages,
les salles y sont plus petites, séparées les unes des
autres, et la ventilation plus complète. Ils louent
beaucoup l'institution des infirmiers militaires,
actifs, empressés, et qu'on ne saurait remplacer
suivant eux.

Le chapitre XVI, consacré à la justice militaire,
est fort intéressant à étudier. La discipline, la subordination, la nature des délits et leur mode de
répression y sont tour à tour sérieusement ap-
préciés.

La discipline, suivant MM. de Sandoval et Madera
y Vivero, est dans de fâcheuses conditions en Algérie, eu égard à ce qu'elle est en France, et cela,
par suite du système de tolérance qui y est généra-

lement suivi, quelquefois même poussé à l'excès.
M. le maréchal Bugeaud était, ils le reconnaissent,
partisan lui-même de cette grande tolérance à l'é-
gard des troupes qui avaient à supporter de cruelles
fatigues; mais, ajoutent-ils, le maréchal n'était
pas insensible aux douceurs de la popularité dans
l'armée.

Du reste, ils se hâtent de l'avouer, les mœurs de
la société française, mœurs issues de 89, permet-
tent ce relâchement qui ne serait peut-être pas
possible ailleurs. En France, on ne fait plus attention aux catégories, qui peuvent se rapprocher
sans inconvénient : c'est l'homme que l'on consi-
dère. En Russie, en Espagne, pareille chose serait
impossible et dangereuse.

Cette réserve faite, les auteurs des *Mémoires sur
l'Algérie* n'en persistent pas moins à dire que la
discipline et la subordination ne sont pas les vertus
rigoureuses du soldat français en Afrique. Non pas
qu'ils veuillent faire entendre que le désordre et
l'insoumission soient l'état habituel de l'armée,
presque tout le monde au contraire y fait son devoir ; mais « les fautes et les délits les plus com-
« muns sont ce qu'on peut présumer d'après cette
« espèce de familiarité existant entre le soldat et
« ses chefs, c'est-à-dire peu de respect dans le
« maintien et dans les réponses de l'inférieur, né-
« gligence dans le maniement des armes, abus
« dans le traitement qu'ils font subir aux indigènes,
« désordres dans les lieux publics. Des plaintes

« résultent d'une conduite aussi vicieuse. L'excès
« de là boisson est si commun, que déjà l'on n'y
« fait plus attention, quand il n'est accompagné ni
« de tumulte, ni de rixe, ce qui, en effet, est très-
« rare. On remarque qu'en général le penchant des
« soldats ne les excite qu'au chant et à une joie
« bruyante mais inoffensive. Le vol dans les quar-
« tiers est chose fort rare ; mais dans les expédi-
« tions, toutes les fois qu'ils en trouvent l'occasion,
« ils obéissent à une tendance naturelle vers la
« maraude, plus pardonnable s'il se peut ici, par
« suite de la coutume des *razzias*, qui, à notre sens,
« ont vicié le moral des troupes. »

En vérité, tout cela n'est pas très-sérieux, et
ces défauts, si même on peut appeler de ce nom ce
que ces Messieurs signalent ici, ne nous ont nullement empêché de faire et de consolider la conquête
de l'Algérie. Oui, nous le proclamons aussi, on ne
peut, sous un climat de feu comme celui auquel
nos troupes sont exposées, au milieu de fatigues
dont MM. de Sandoval et Madera ont pu eux-
mêmes apprécier la gravité, on ne peut, disons-
nous, avoir toujours suspendue la verge de fer de
la discipline. Il y a de l'ombre à tout tableau, et
cette ombre, dans l'armée française, n'a jamais été
trop considérable. Toutes les fois qu'elle s'est trou-
vée dans des conditions normales, l'armée française a prouvé que cette discipline, qu'on l'accuse
de méconnaître, était observée par elle de manière
à lui conquérir l'estime et l'admiration de tous.

L'expédition de Rome, en 1849, nous en fournit un exemple récent et que nul ne songera à révoquer en doute.

Au reste, voilà qu'immédiatement MM. de Sandoval et Madera se hâtent d'effacer l'impression qu'à leur insu ils nous avaient communiquée, en rendant justice à la manière dont en usent les officiers et les chefs de tout grade à l'égard de leurs inférieurs.

« Les punitions des généraux et des chefs à
« leurs inférieurs, et même celles des officiers aux
« sous-officiers, ainsi qu'au reste de la troupe,
« sont généralement mesurées, infligées sans ai-
« greur, sans cris ni colère. . . . .

. . . .

« L'armée française peut et doit être conduite de
« la sorte ; elle a toujours offert, à un chef intel-
« ligent, de fréquentes occasions d'utiliser cette
« ressource. En agissant ainsi, ce chef, en même
« temps qu'il satisfait sa propre dignité, sauve-
« garde aussi celle de son inférieur. Et qui pour-
« rait soutenir qu'un pareil procédé n'est pas pré-
« férable à l'emploi d'une discipline corporelle,
« quelle qu'elle soit ? »

La gendarmerie devait naturellement avoir ici sa place. Nous trouvons en effet, dans le livre que nous analysons, un éloge bien mérité de cette gendarmerie d'Afrique, de ce corps brillant, digne émule de celui de France, et qui partout se montre à la hauteur de sa mission si complexe et si délicate.

L'intendance n'a pas été oubliée par nos deux critiques. Ils lui consacrent quelques pages consciencieuses, résultat d'une observation très-approfondie, et qui prouvent qu'ils se sont bien rendu compte de son attribution, d'une importance si considérable dans nos possessions africaines. .

Il ne faut pas l'oublier en effet. Le chef supérieur de l'intendance à Alger n'a pas seulement à centraliser, dans ses bureaux, toutes les opérations partielles de ses inférieurs dans la colonie, et à diriger l'administration si vaste de cette Algérie, qui égale en étendue les deux tiers de la France ; il plane plus haut encore : il faut qu'il songe à pourvoir, soit par lui-même, soit par ses inférieurs, dont il contrôle les actes, à la subsistance de cette colonie, qui ne saurait encore se suffire à elle-même, et que cette subsistance soit assurée pour six mois au moins à l'avance. Il y a donc obligation de faire des achats à l'extérieur, car la France a besoin de ses produits pour sa population toujours croissante. Il nous faut acheter : « les blés « de la mer Noire, de l'Égypte et de la Grèce ; les « fourrages de France et d'Italie ; la viande, qui « parfois manque dans la colonie ; les fruits d'Es-« pagne, du Maroc et de Tunis. Toutes ces denrées « diverses contribuent, en effet, à l'alimentation « de l'armée, et sont le stimulant principal du « commerce dans les ports de l'Algérie. »

Le corps de l'intendance, dont les attributions sont si importantes et si diverses, doit pour cela même être entouré de la considération générale, et l'on conçoit combien doit être grande la confiance qu'on a en lui, et que, du reste, il mérite par son zèle et son aptitude incontestables.

Cette capacité des membres de l'intendance n'étonne pas MM. de Sandoval et Madera, quand ils songent à leur origine et aux travaux intellectuels auxquels la plupart d'entre eux se sont livrés dans les diverses armes où ils ont précédemment servi.

Le corps du train des équipages et autres troupes sous les ordres de l'intendance leur paraissent une heureuse création. Les deux auteurs, en présence des services si nombreux que rendent journellement ces corps en Algérie, en désireraient de semblables dans leur patrie, avec les modifications, toutefois, que comportent la nature du pays, celle des bêtes de somme en usage en Espagne, l'organisation des diverses armes, etc. Un seul train, celui des équipages, suffirait à l'Espagne, pensent-ils, les trains particuliers de l'artillerie et du génie ne pouvant être utiles que dans les armées d'une grande nation comme la France (1).

La bête de somme particulière à l'Afrique, on le sait, est le chameau. On l'a essayé dans l'armée française sans grand résultat ; mais, disent les deux auteurs : « C'est parce que ni les mœurs, ni le ca-

____

(1) Il est question, croyons-nous, de supprimer le train d'artillerie.

« ractère du soldat français n'étaient en rapport
« avec les soins qu'exigent ces animaux et la ma-
« nière de les conduire. S'ils sont extrêmement do-
« ciles et très-faciles à conduire pour les indigènes,
« ils deviennent récalcitrants dès qu'ils ne con-
« naissent plus leur maître, qu'on ne les traite
« plus de la même manière ou qu'on ne leur parle
« plus le même idiome. On sait que l'Arabe leur
« parle et leur chante fréquemment, par exemple,
« quand ils ont à réclamer d'eux un service plus
« pénible. Ils prétendent le distraire ainsi ou l'o-
« bliger à plus d'efforts. Pour obtenir des résultats
« analogues, il faudrait commencer par former
« des soldats à leurs mœurs et au langage des
« Arabes, ou *élever* des chameaux spécialement
« pour le service des équipages militaires. Même
« chose se doit dire de leur usage à une infanterie
« montée, dont tous les généraux ont reconnu
« l'utilité dans ce pays. Bien que Napoléon l'ait
« organisée dans sa célèbre campagne d'Égypte,
« et que, dans ces dernières années, le maréchal
« Bugeaud ait voulu aussi l'introduire en Algérie,
« la difficulté indiquée est toujours venue entra-
« ver leurs efforts. »

Les observations auxquelles a donné lieu la marine militaire affectée au service de notre colonie,
terminent la série des études que nous trouvons
élaborées dans les *Mémoires sur l'Algérie*. Elles méritent que nous attirions sur elles l'attention du
lecteur.

Après avoir décrit l'organisation de ce service de la marine, qui est comme le trait d'union de la France et de l'Algérie, les diverses lignes d'Alger aux ports principaux de France et réciproquement, les communications des différents ports de la côte algérienne entre eux et avec la capitale, les approvisionnements de cette dernière ville, etc., etc., M. de Sandoval et M. Madera y Vivero prennent le prétexte de notre colonie et de la marine qui lui est affectée pour examiner et juger notre marine militaire en général.

Suivant eux, c'est en vain que nous devrions, par la possession de l'Algérie, espérer augmenter notre marine et planter le pavillon tricolore dans la Méditerranée, en un lieu où « il pourrait défier l'Angleterre. »

Il faut, et tout le monde le reconnaît avec ces messieurs, il faut de la marine quand on a des possessions d'outre-mer. Plus grands sont les sacrifices à l'égard d'une colonie, plus grande aussi est l'obligation contractée de la conserver à tout prix. La France est dans ce cas. D'autre part, l'état de l'Europe, les besoins du service réclament des mesures dont la conséquence est l'augmentation de la marine.

« *Mais ces conséquences* (ce sont MM. de Sandoval et Madera qui parlent) *ne sauraient exister pour la France dans la possession du Nord de l'Afrique.* L'absence de ports sur cette plage l'a engagée à créer le port artificiel d'Alger; et tant qu'il ne sera pas

terminé, prétendent-ils, la permanence d'une esca-
dre dans ces parages sera toujours momentanée et
hasardeuse. La preuve en est dans les désastres
fréquents des Espagnols, dans les naufrages nombreux qui ont eu lieu sur cette mer, dans le blocus
pénible qui précéda la conquête, dans les dangers
de cette même expédition si prudemment conduite
par l'amiral Duperré, enfin par l'exemple de pertes
et d'avaries fréquentes qui ont eu lieu, malgré la
connaissance parfaite de la côte. La suprématie
qu'espèrent pour Alger ses possesseurs est donc
très-éloignée, tout aussi bien que l'augmentation
de forces navales qui doit résulter de tout cela pour
la France. »

Telle est l'opinion des auteurs des *Mémoires sur
l'Algérie*. On le voit, toutes les fois qu'il s'agit de
notre colonie elle-même, il n'est pas de sinistres
présages qu'ils ne fassent, parce qu'il n'est pas de
craintes qu'elle ne leur inspire, ainsi qu'eux-mêmes
l'ont avoué. Ces messieurs ont d'abord discuté le
droit de possession ; ensuite ils ont nié les progrès
de la colonisation ; maintenant ils contestent son
avenir. En présence de préoccupations si nettement exprimées, n'est-on pas en droit de penser
qu'elles sont l'unique motif qui leur fait contester
la légitimité de notre possession, comme aussi de
reconnaître que, si notre colonisation n'est pas à
la hauteur de celle des îles Philippines ou de l'île
de Cuba qu'ils offrent comme modèle, cela tient
simplement à ce que nous occupons l'Afrique de-

puis vingt-trois ans à peine, ayant à faire face à une guerre incessante, tandis que l'Espagne vit en paix dans ses colonies, qu'elle a *depuis des siècles* sous sa dépendance.

Nous ne devons donc pas compter, au dire de ces messieurs, sur une augmentation de notre marine. « Le nombre de ceux qui ont écrit sur la « matière est très-grand ; et quoiqu'avec des rai- « sonnements ou des espérances plus ou moins ad- « missibles, tous croient possible à la France d'ar- « river à être aussi puissante sur mer qu'elle l'est « en réalité sur terre ; à peine en est-il un qui « confesse les principales raisons qui s'y opposent. « Le prince de Joinville est celui qui a mis le plus « à nu la faiblesse de son pays, et le but de ses cé- « lèbres notes se réduit à pousser à la reconnais- « sance de ce principe : *qu'il faut augmenter, généra-* « *liser l'emploi de la marine à vapeur sur une grande* « *échelle*, trouvant qu'il est impossible à la France, « pour ce qui est de la marine à voile, de lutter « avec sa terrible voisine. Bien. Pourtant, la véri- « table force des flottes consiste dans les bâtiments « à voile, ainsi que cela a lieu aujourd'hui et comme « il est probable que cela continuera d'avoir lieu. « Les vapeurs pourront opérer un débarquement, « porter des secours, exercer une protection ; mais « ils ne peuvent dispenser l'empire des mers, quelles « que soient d'ailleurs leur importance et leur utilité « incontestables pour tous les services maritimes. « Cette circonstance, qui leur est particulière, de

« ne pas nécessiter autant de vrais marins et pi-
« lotes, est son principal avantage aux yeux des
« Français. Tous leurs raisonnements se réduisent
« à cette proposition : *puisque nous avons beaucoup et*
« *d'excellents soldats, et que nous avons peu et de médio-*
« *cres marins, arrangeons-nous de façon à pouvoir uti-*
« *liser les premiers, sans que l'absence des autres nous*
« *soit aussi sensible.*

« Avoir des marins, voilà la grande difficulté qui
« s'oppose à la réalisation des espérances de nos
« voisins. La France en manquait, elle a voulu en
« former ; mais il est bien prouvé que si on a pu
« habituer quelques hommes à la mer, il est pres-
« qu'impossible de faire un marin d'une recrue,
« parce que rien ne forme un marin, un bon marin
« s'entend, si ce n'est la naissance, l'exercice au-
« quel il se livre dès le jeune âge, son penchant natu-
« rel enfin. La France aurait plus qu'abondamment
« le pouvoir de construire et d'équiper autant de
« vaisseaux que l'Angleterre, s'il suffisait de tripler
« le nombre de ses équipages avec les bataillons de
« son armée. » (1)

Le seul avantage qu'ait retiré la marine de la
possession d'Alger serait, suivant nos critiques, la
construction de quelques vapeurs et d'avoir habitué
quelques officiers à leur commandement.

Voilà l'appréciation que l'on fait de la flotte d'une

____

(1) Traduction littérale.

puissance qui occupe le deuxième rang dans les marines du monde!...... En vérité on en use bien légèrement à l'égard de ce vaste pays assis sur deux mers, qui a des frontières si étendues sur l'Océan et sur la Méditerranée, qui recrute ses marins dans les populations de l'ancienne Armorique, dans celles des côtes du pays Basque, qui a des stations sur tous les points du globe, dont le pavillon se promène sur toutes les mers, qui maintes fois a lutté avec avantage contre la formidable Angleterre et, hormis cette puissance, n'en connaît pas qui puisse lui être comparée sous le rapport des armements et des équipages même! MM. de Sandoval et Madera oublient-ils en outre que l'Algérie nous appartenant, nous pouvons, tout aussi bien que les Turcs nos devanciers, trouver par la suite, dans les habitants des côtes, des matelots pour une nouvelle marine algérienne. Cela peut et doit arriver, comme arrivera le jour où notre belle colonie, grâce aux progrès toujours croissants de nos établissements, sera pour la métropole une source précieuse de richesses. Si ces progrès de la colonisation ont été lents jusqu'ici, c'est que le gouvernement a été souvent entravé dans ses efforts. Dans les temps de guerre, les moyens manquent. « Les choses néces-« saires, dit Montecuculli, ne s'achètent, ne se con-« duisent et ne se font qu'avec du temps, et il n'y a « que Dieu à qui cette parole convienne : *Il dit et il* « *fut fait.* »

Nous voici arrivés à une troisième phase du livre

que nous analysons. Les auteurs en ont fini avec les diverses armes. Le chapitre suivant est désormais consacré à l'examen du système de guerre suivi en Afrique depuis la conquête.

Ce système de guerre, dans le principe, alors que les idées du gouvernement français n'étaient pas encore parfaitement arrêtées, a été lui-même incertain. Mais en général, et sauf quelques actions principales, telles que la prise d'Alger, celle de Constantine et la bataille d'Isly, plus la guerre contre l'émir, de 1840 à 1843, les opérations n'ont pas eu d'autre but, disent M. de Sandoval et son collaborateur, que de maintenir la tranquillité et la soumission du pays, d'assurer le paiement de l'impôt, soumettre les Kabyles, poursuivre Abd-él-Kader et ses partisans, protéger les travaux, etc.

Dans un grand nombre de ces expéditions, notamment à Zaatcha, à La Ghouat, dans la Kabylie, l'infanterie a joué un rôle important, à l'exclusion de la cavalerie, et nous fournit une preuve de l'exagération de l'opinion antérieurement émise par les deux critiques relativement à l'emploi de la cavalerie. Dans le Tell, l'infanterie aura toujours le rôle principal et le plus brillant. Il n'est pas permis de le contester désormais en présence des faits accomplis.

Les coutumes et les pratiques de l'armée d'Afrique ont fixé l'attention des deux officiers espagnols, qui proposent de les imiter en temps utile. Le système des marches y est, de leur avis, parfaitement entendu et disposé de façon à y amener plus d'ordre et moins de fatigues. Les journées de marches ordinaires y sont réglées non pas tant par la distance à parcourir que par le choix du lieu du bivouac. L'ordre de marche en lui-même (en colonne par divisions) est, disent-ils, le meilleur qu'on puisse adopter. En dehors des considérations militaires qui l'ont fait préférer, les auteurs pensent qu'il est plus agréable aux troupes, quand elles y sont habituées. Leur attention est plus distraite, ce qui est une condition excellente.

La latitude laissée au soldat pour son habillement, en vertu de laquelle il peut marcher à l'aise, le remplacement du col par la cravate et du shako par le képi, ont toutes les sympathies des auteurs des *Mémoires*. Ce sacrifice continuel que l'on fait en Europe à un beau coup d'œil, à un aspect militaire, est suivant eux un non-sens duquel ils ont vu avec plaisir s'affranchir l'armée d'Afrique. Les prescriptions hygiéniques sont parfaitement entendues ; l'usage du café pour les troupes a leur complète approbation. La tente-abri, disent MM. de de Sandoval et Madera, ne saurait être trop appréciée. C'est la seule dont on puisse désormais faire usage dans les armées modernes. Déjà l'Autriche l'a adoptée pour la sienne. Nul doute que chaque puissance européenne ne l'adopte à son tour.

On ne saurait, disent-ils, veiller avec trop de sollicitude sur la santé de ces braves soldats dont la mission est si pénible. L'officier européen qui pour la première fois les voit dans les marches, avec cette charge énorme du sac, du bidon, de la tente, du manteau, de la giberne, du fusil, se traînant plutôt qu'ils ne marchent, appuyés sur un bâton, se fait difficilement une idée de ce dont est capable ce fantassin si pesant, devant opérer contre l'ennemi le plus rapide qu'on puisse imaginer. Mais c'est qu'au moment de l'action, il subit une métamorphose. Alors il met à terre tout son bagage, et, muni de son seul fusil, il s'élance avec ardeur à la poursuite de l'ennemi.

La colonne serrée par division, le déploiement en bataille, les carrés et l'ordre en tirailleurs sont presqu'exclusivement les manœuvres que l'infanterie peut avoir à exécuter en Afrique. La cavalerie borne les siennes à passer de l'ordre en bataille à l'ordre en colonne, et réciproquement. L'artillerie, qui mériterait d'être considérée en Europe eu égard à son nombreux matériel et à la grande perfection de ses pièces, n'aura jamais en Afrique qu'un rôle auxiliaire. Il lui suffira toujours d'avoir des obusiers de montagne, genre de pièces fort utile contre les groupes et contre les gourbis des Kabyles.

Le service, suivant M. de Sandoval et son collaborateur, se ressent à la fois et de la grande tolérance avec laquelle on en use envers le soldat et de la *nullité* des Arabes. « On peut affirmer que si les « Arabes pouvaient acquérir une certaine régula- « rité dans les manœuvres, et s'ils étaient dirigés « par un officier européen, les colonnes françaises « auraient à souffrir dans leurs camps de quelques

« surprises qui les forceraient à apporter plus de
« soins dans le service. (1) » Suivant eux, les sen-
tinelles avancées, celles placées devant le front de
bandière, sont trop espacées et trop près des armes,
et si nos troupes n'ont pas eu à regretter leur excès
de confiance ailleurs qu'à Constantine, à la Macta
et à Sidi-Brahim, c'est grâce à l'éloignement qu'é-
prouvent tous les Arabes pour les attaques de nuit.

Nous voilà revenus encore une fois à cette accu-
sation de nullité portée contre les Arabes. A ce propos, nous ne pouvons nous empêcher de remarquer
qu'il y a contradiction notoire entre cette assertion
et ce qu'ont avancé maintes fois eux-mêmes, MM.
de Sandoval et Madera, dans leur ouvrage. Sont-ils
donc nuls en effet, ces Arabes que vous comparez
à chaque instant à ces vaillants cavaliers Numides
leurs prédécesseurs, à ces cavaliers sans brides qui
luttèrent pendant si longtemps et si heureusement
contre les intrépides légions de Rome ? Vous le dites
vous-mêmes cependant, les Arabes sont en tout
semblables à leurs devanciers avec un élément moral
de plus, le fanatisme religieux, bien capable, pen-
sons-nous, de rétablir l'équilibre qui n'existerait
plus par suite des progrès de la science militaire
européenne. Sont-ils en effet bien nuls, ces Kabyles, nos ennemis aussi, peuple industrieux, intrépide, peuple belliqueux et pouvant armer, suivant

____

(1) Traduction littérale.

M. le général Daumas, 60,000 hommes pour la défense de ses montagnes? Sont-ils en effet bien nuls ces Arabes qu'Abd-el-Kader sut réunir à lui à l'époque de sa plus grande puissance, jusqu'au nombre de 74,000 guerriers, dont plus de la moitié de cavalerie, et dont les tribus fondèrent sous son impulsion un commencement d'empire arabe avec lequel il nous fallut compter? Vous parlez de régularité chez nos ennemis d'Afrique; mais c'est précisément, croyons-nous, cette irrégularité dans la manière de combattre qui fait leur force et qui est pour nous la source de tant de fatigues. Abd-el-Kader fut un homme réellement supérieur, et la guerre qu'il nous a faite avec acharnement, pendant une période de dix à douze années, est une guerre toute exceptionnelle. Il créa un corps de réguliers qu'il fit instruire à l'européenne, et qui modifia dans de certaines circonstances les conditions de la guerre à laquelle les Arabes nous avaient habitués jusqu'alors. Eh bien, ces réguliers ne furent jamais vainqueurs...

Mais en présence des fatigues que l'émir nous a occasionnées, est-il bien rationnel de mettre sans cesse en avant cette prétendue faiblesse des Arabes qui, en définitive, nécessitèrent, pour être soumis, la vieille expérience de plusieurs généraux renommés de l'Empire, l'infatigable activité et l'entente parfaite de la situation, la haute intelligence du si regrettable maréchal Bugeaud, le dévouement si complet de nos braves soldats!...

Puisque, suivant nos deux critiques, l'Arabe est un ennemi aussi inférieur, pourquoi l'Espagne, qui possède Ceuta et Melilla, consent-elle à rester comme bloquée dans leurs murailles?

La guerre d'Afrique, lit-on dans les *Mémoires*, endurcit le soldat à la fatigue. Elle forme des officiers inappréciables pour le genre de service qu'on réclame d'eux ; mais ce n'est pas une grande école de guerre. Le mérite des expéditions réside dans le soldat lui-même et dans les officiers subalternes. Quant aux généraux, la sphère étroite de leurs opérations ne permet pas d'apprécier leur aptitude.

Le maréchal Bugeaud est la grande figure de l'Algérie. Lui seul, suivant les auteurs du livre espagnol, lui seul a bien compris la conduite générale des affaires, et encore fut-il puissamment aidé par son gouvernement.

Certes voilà un coup de pinceau bien léger pour cette grande figure dont on parle. M. le maréchal Bugeaud a fait, pour notre colonie, bien plus que ne semblent l'indiquer les deux officiers espagnols. S'il a beaucoup obtenu du gouvernement, c'est qu'il a beaucoup demandé pour l'exécution des nombreuses et grandes choses qu'il a exécutées. A la fois guerrier et colonisateur, il a déployé en Algérie une activité et une intelligence que sa modestie seule a pu égaler. Il faudrait interroger en Afrique et colons et indigènes, pour se rendre compte de l'admiration qu'il a su exciter chez les uns, du dévouement qu'il trouvait chez les autres. Qu'on aille à Alger, et l'on verra combien est vivace encore le souvenir, combien est profonde la reconnaissance vouée à cet illustre mort.

Dans le système de guerre adopté par les Français, prédomine la razzia. MM. de Sandoval et Madera n'ont pas assez de mots pour flétrir la razzia, qu'ils qualifient *d'immorale*. Il est impossible, disent-ils, de ne pas blâmer ce système cruel et barbare, contraire aux principes élevés de la civilisation, et en définitive aussi préjudiciable aux conquérants qu'aux vaincus. Ces messieurs s'étonnent en outre qu'à côté de ces razzias si furieuses, on ait fait, en diverses circonstances, un si courtois accueil aux Arabes venus à Paris. Ces opinions des deux honorables écrivains ne nous paraissent pas plus logiques l'une que l'autre. La razzia, qui ne le sait, n'est pas une importation française. Les tribus en font usage dans leurs guerres intestines, et Abd-el-Kader lui-même a châtié de la sorte celles qui s'étaient soumises à nous, ou celles dont le zèle pour sa cause ne lui paraissait pas assez ardent. Les Français n'ont fait qu'imiter un usage établi. Il eût peut-être été dangereux pour nous d'en user exclusivement avec magnanimité à l'égard d'un peuple ennemi invétéré des chrétiens, et d'ailleurs bien plus sensible aux choses matérielles qu'à une générosité qu'ils ne comprennent pas ou dont ils se rient. Dans les razzias, il a pu y avoir parfois quelques faits regrettables; mais ne peut-on pardonner

quelque chose à l'excitation de soldats échauffés
par l'action, qu'enflamment le besoin de venger un
dommage, le souvenir d'une injure, ou le massacre
de leurs compagnons d'armes ! M. le brigadier C. de
Sandoval et M. Madera y Vivero foudroient les proclamations du général Pélissier, du maréchal Bugeaud lui-même, lesquelles, disent-ils, ne menacent
de rien moins que « de brûler les moissons, de
couper les arbres à fruit, » et donnent à l'appui de
leur opinion celle d'un ancien député, M. Desjobert, dont la tribune entendit souvent les paroles
peu sympathiques à notre colonie. « Nous faisons la
« guerre en Afrique, disait en effet M. Desjobert,
« avec un arsenal de haches et de torches. » Cet
épigramme peut avoir quelque succès dans le monde
de guerriers où l'on fait la guerre au coin du feu,
avec ce même sang froid et cette même profondeur
de vues qui fait régler deux ou trois fois en une
soirée la marche du gouvernement et le destin des
empires. Mais autre chose, on en conviendra, est
de raisonner à froid sur un genre de guerre que
souvent on ignore, ou de diriger des colonnes à
travers des difficultés innombrables, à travers une
réalité pleine d'entraves et sous le coup d'une res-
ponsabilité terrible. Eh quoi ! un général, par des
combinaisons issues de sa science profonde, a
triomphé de tous les obstacles, et l'on pourra faire
impunément, par un seul mot, la critique de ses
veilles, de son génie, de ses triomphes, des triomphes de la patrie ! Les mots à effet sont une jolie

chose; mais la raison et la justice ont bien aussi leur importance. Qu'a voulu prouver cet autre publiciste dont nous ignorons le nom, et qui a calculé que la mort d'un Arabe nous coûtait 33 hommes et 150,000 francs? Qu'y a-t-il de sérieux dans une pareille statistique? Si c'est un jeu d'esprit, nous le comprenons peu ; si c'est avec intention qu'on a mis ce fait en avant, il ne prouve qu'une chose, c'est que, malgré le dire des deux écrivains, l'Arabe n'a pas été pour nous un ennemi aussi benin qu'ils ont voulu le prétendre.

M. de Sandoval et M. Madera s'étonnent que dans l'armée française, qui comprend, disent-ils, tant d'officiers distingués, il ne s'en soit pas trouvé qui aient songé à faire une étude historique sur les guerres anciennes dont l'Algérie a été le théâtre, et sur les guerres modernes comparées entre elles.

Les points d'analogie sont nombreux entre les unes et les autres. Les Numides et les Arabes ont mille points de ressemblance. Il n'est pas jusqu'aux mœurs qui ne soient sensiblement les mêmes, témoin l'usage des silos, usage général dans l'Algérie, et dont il est fait mention dans la guerre d'Afrique faite par César et écrite par Hirtius.

On a souvent comparé Abd-el-Kader à Jugurtha. La guerre faite par l'un et par l'autre offre en effet de nombreuses et frappantes analogies, analogies qui se remarquent aussi dans le système de guerre adopté par les Romains et par les Français, leurs ennemis respectifs.

Nous avons déjà dit que la manière de combattre
était la même chez les Numides et chez les Arabes
de nos jours. La cavalerie numide chargeait les
légions de César, pour disparaître ensuite, avec
une vélocité et une continuité d'efforts que nous
retrouvons aujourd'hui chez les indigènes, et qui
ont fait dire aux deux auteurs espagnols que les
Arabes harcèlent, fuient, reviennent sans aucune
trêve, tout à coup apparaissant nombreux comme
les sables du désert, et le moment d'après dispa-
raissant comme une vapeur légère (*exhalacion*). Les
Numides, comme aujourd'hui les Arabes, évitaient
les engagements réguliers. Toute la différence entre les deux est dans l'armement : les Numides
lançaient le javelot, les Arabes sont armés d'un
long fusil de six à sept pieds.

Abd-el-Kader a eu ses réguliers. Jugurtha et
Tac-Farinas, avec lequel l'émir a aussi beaucoup de
ressemblance, avaient également organisé des com-
pagnies régulières, qu'ils armèrent à la romaine.

L'analogie n'est pas moins grande, ajoutent les
auteurs des *Mémoires*, entre les légions romaines
et les troupes françaises. Metellus, Marius, Scipion, César et le proconsul Blesus, de même que
Lamoricière et le maréchal Bugeaud, eurent le
même système adapté à la nature du pays. Cela est
vrai. Si César organisa ses troupes en *castrum mo-
bile*, nous avons, nous, nos colonnes mobiles, qui
nous paraissent être absolument la même chose.

On lit, dans Tacite, le récit du dernier combat

où périt Tac-Farinas, et qui est digne de figurer à côté de la prise de la Smalah :. « Les cohortes et la « cavalerie romaines *ayant quitté tout leur bagage* (1), « tombèrent à l'improviste, grâce à une longue « marche, sur le Numide qui était campé, » et le désordre et la confusion furent analogues (si même ils n'eurent pas de plus grands résultats) à ce qu'on vit lors du hardi coup de main du duc d'Aumale.

Enfin, il y a jusqu'à cette dernière analogie, que nous enregistrons avec les deux auteurs, entre Abd-el-Kader et le héros de Tacite : Souvent, disent-ils, circula à Rome la nouvelle de la complète destruction de ses implacables ennemis d'Afrique, Jugurtha et Tac-Farinas ; par trois fois on érigea une statue de la Victoire, en signe de l'allégresse causée par la mort de cet infatigable partisan. Les illusions et les déceptions à l'endroit de la prise d'Abd-el-Kader, n'ont pas été moins nombreuses à Paris.

Un travail tel que celui préconisé par M. de Sandoval et M. Madera ne peut en effet offrir que beaucoup d'intérêt, si l'on songe aux hommes qui figurèrent au premier plan dans ces guerres ; ce ne sont rien moins que de célèbres généraux carthaginois, des chefs de la Mauritanie et de la Numi-

---

(1) Comme nos fantassins mettent sac à terre au moment du combat.

die, dont les noms se mêlent dans l'histoire à ceux de Scipion, de Metellus, de César, de Bélisaire, de Genséric et de tant d'autres capitaines. Ce travail sera entrepris, n'en doutons pas. Outre l'intérêt qui s'attache naturellement à une pareille étude, on en retirera une utilité immédiate par l'obligation où l'on sera de faire du terrain un examen approfondi, sérieux, déjà commencé, mais encore bien incomplet, malgré les travaux incessants des officiers du corps d'état-major.

Ce n'est pas seulement avec les guerres de l'antiquité que la guerre d'Afrique a de l'analogie. Il en est une autre qui se fait actuellement, dont chaque jour nous apporte quelque détail nouveau, et qui présente avec elle de nombreuses ressemblances. Tout le monde voit que nous voulons parler du Caucase. Quelques mots rapides sur ce sujet, étudié par M. de Sandoval et le colonel Madera y Vivero, et qui emprunte des circonstances actuelles (1) un intérêt assez grand, ne seront pas, nous le croyons, inutiles.

Dans ce territoire immense situé entre la mer Noire et la mer Caspienne, sur la chaîne et dans les vallées du Caucase, là où finit l'Europe et commence l'Asie, vivent quelques peuplades indigènes qu'enflamment l'activité, le fanatisme et l'amour de l'indépendance, qui, depuis plus d'un siècle,

---

(1) La question d'Orient.

luttent contre la puissance colossale de la Russie, et disputent la possession d'un sol que les Moscovites ne conquièrent que pied à pied et au prix de leur sang.

Les auteurs des *Mémoires*, tout en constatant des différences notables dans la topographie de l'Algérie et des provinces caucasiennes, retrouvent beaucoup de similitude entre les opérations du Daghestan et celles de la Kabylie, de l'Ouazansenis et du Dahra, et comparent la situation des Français et des Russes dans leurs conquêtes respectives. Ces derniers auraient dans la leur une position meilleure que la nôtre en Algérie ; ils auraient beaucoup moins dépensé pour la colonisation du Caucase, où ils auraient pourtant deux provinces parfaitement tranquilles, la Mingrélie et l'Imérétie.

Le système de guerre, disent les deux officiers ospagnols, a varié aussi souvent qu'un chef nouveau a été envoyé dans le Caucase. Chaque général y a essayé ses idées particulières sur une échelle plus ou moins grande. « Celui qui remplit aujour-
« d'hui (1847) ces fonctions de général en chef, le
« prince Woronzof (1), jouit de toute la confiance
« de l'Empereur, condition indispensable dans
« l'empire russe, plus qu'en aucun autre lieu du
« monde, pour quelque mission qu'on ait à rem-

____

(1) C'est encore celui qui commande actuellement (1854).

« plir. Il ne paraît pas que les résultats obtenus
« par ce général aient été aussi complets ni aussi
« satisfaisants qu'on l'a proclamé (1). Sous son
« commandement, il y a eu des actions plus san-
« glantes que profitables. Cependant, on le consi-
« dère comme très-apte à administrer le pays et à
« diriger les affaires générales. Enfin, son âge
« avancé ainsi que ses longs services lui ont ac-
« quis l'estime générale et comme un certain pres-
« tige. »

Le chef indigène qui combat les Russes dans le
Caucase, l'intrépide Schamyl, est nécessairement,
dans cette étude, l'objet d'une comparaison avec le
chef africain, auquel il est égal en activité, en fer-
veur religieuse, en persévérance, quoique doué de
qualités d'un genre moins élevé qu'Abd-el-Kader.
Celui-ci est à la fois un guerrier, un homme politique et, comme homme privé, éminemment remarquable. Schamyl se distingue, lui, surtout par
son caractère. MM. de Sandoval et Madera le dé-
peignent parfaitement, ce nous semble, en disant
de lui que c'est un *guerillero remarquable.*

La guerre du Caucase est exclusivement une
guerre de montagnes, que les auteurs des *Mémoires*
déclarent plus difficile que celle de l'Algérie : car
« si les Kabyles s'y battent bien, d'un autre côté,

____

(1) Les bulletins mensongers des Russes ne dateraient
pas d'aujourd'hui.

« les montagnes du Jurjura sont plus faciles à con-
« quérir que celles du Caucase, où les gorges sont
« plus fréquentes, les torrents plus nombreux, où
« chaque position veut être enlevée au prix d'ef-
« forts acharnés. » L'armée que la Russie possédait dans le Caucase en 1847, était de 150,000
hommes de toutes armes.

Enfin, pour terminer la série des analogies entre
la guerre d'Afrique et quelques autres guerres modernes, nos officiers espagnols disent quelques
mots de la guerre rude et pénible aussi que les An-
glais font aux Caffres, sur la frontière de leur établissement du cap de Bonne-Espérance.

L'ouvrage que nous analysons a été écrit en
1847 ; il n'a été imprimé qu'en 1853. Il a donc été
nécessaire d'y ajouter un appendice dans lequel
M. de Sandoval et son collaborateur ont consigné,
quoique brièvement, les phases nouvelles de la colonisation, ainsi que les événements dont l'Afrique
a été le théâtre. La reddition d'Abd-el-Kader, pensent-ils, fut un coup de fortune pour la France,
qui eût pu trouver en lui un ennemi plus redoutable que jamais, lors de ses complications inté-
rieures en 1848, et surtout lors de la sérieuse affaire de Zaatcha.

L'expédition dirigée en 1851 par M. le général
de Saint-Arnaud, dans la petite Kabylie, tandis que
le général Camon opérait dans le Jurjura, est aussi
le sujet d'un exposé concis, mais bien présenté,
des difficultés qu'eurent à surmonter nos trou-

pes dans un pays entièrement inconnu, sauvage, couvert de bois et défendu par d'intrépides Kabyles.

La marche de cinq jours que fit M. le général de Saint-Arnaud, de Mila à Djigelli, fut une marche pénible, sanglante, et ce ne fut qu'à force de courage et d'activité, et après des pertes bien douloureuses dans la colonne française, que M. de Saint-Arnaud parvint à réduire à l'obéissance les nombreuses tribus kabyles, et débloqua Collo et Djigelli. Ils racontent enfin la prise de La-Ghouat (1852), qu'a suivi un état de paix non altéré jusqu'ici.

Pour ce qui est de la colonisation, les deux honorables écrivains passent en revue les améliorations successivement apportées, et constatent que les progrès sont beaucoup plus considérables de 1848 à 1853 que de 1830 à la révolution de février. Cela devait être. Les six années que nous venons de traverser ont été, en Afrique, une époque de paix relative que nous avons su mettre à profit. Avant cette période, l'état normal a été la lutte, et, comme dit encore Montecuculli, « dans les « temps de lutte les moyens manquent, l'attention « est distraite çà et là. »

Quoique sur le fond de la question MM. de Sandoval et Madera n'aient pas varié, disent-ils, ils reconnaissent pourtant qu'à force de sacrifices de toute nature, on parviendra à progresser encore. Déjà le service médical a été singulièrement amé-

lioré par l'établissement d'hôpitaux et de dispen-
saires nombreux (1).

Mais ce qui manque à l'Algérie, suivant eux, ce
sont les bras, c'est l'émigration européenne. Aujourd'hui encore elle y est insignifiante, malgré les
efforts incessants, répétés, du gouvernement français. Qu'est-ce que l'émigration en Algérie, en
comparaison de celles qui se font pour l'Amérique
ou pour l'Australie? Celles qui partent annuelle-
ment de quelques ports d'Angleterre sont plus considérables, en un an, que ne l'ont été celles de
France pour notre colonie dans toute la période
de 23 ans qui nous sépare de la conquête.

Les auteurs, dans un chapitre qui est la conclu-
sion de leur ouvrage, se demandent quelle serait
la situation de l'Algérie dans l'éventualité d'une
guerre européenne. La réponse ne se fait pas at-
tendre, et ils affirment que « *sa conservation par la*
« *France serait impossible*, et que le résultat de nos
« efforts serait *inévitablement* celui de notre con-
« quête d'Égypte au commencement de ce siècle. »
Voilà qui est clair. Hâtons-nous de dire toutefois
que nos deux critiques ne croient pas trop eux-
mêmes à leur prédiction, et prennent soin, dans
une note, d'informer le lecteur que : *ceci* était écrit
par eux en 1847.

---

(1) Ce service a été l'objet d'un décret tout récent qui en
a encore étendu la bienfaisante influence.

Cependant, ils défendent leur terrain pied à pied, et déclarent qu'en supposant qu'à force de soins et d'habileté, la France conserve l'Algérie et s'attache les indigènes, le temps est loin encore où la colonie pourra se suffire à elle-même.

Enfin, et comme dernier sujet d'étude, M. le brigadier de Sandoval et M. le commandant Madera y Vivero, dans ce livre *fait pour l'Espagne* et en vue de lui être utile, examinent les conditions nouvelles que crée à leur pays cette Algérie, dont la possession par la France est acceptée si difficilement par l'opinion publique européenne.

Ici, nous l'avouons, nous avons peine à concilier deux opinions diamétralement opposées et émises l'une à la suite de l'autre par les deux honorables critiques.

« Il nous faut de toute nécessité, disent-ils, étudier cette Afrique, *point vulnérable* de la France, où nous la frapperions, si le besoin de la défense nationale nous obligeait à interrompre dans cette contrée la marche de la civilisation. L'Afrique serait en effet, alors, une voisine terrible des ports, des arsenaux, de laquelle sortiraient des expéditions plus sérieuses mille fois que celles des pirates turcs, qui prendraient nos villes méridionales, débarqueraient des troupes sur nos côtes et fomenteraient partout les dissensions civiles. »

C'est bien là l'idée qui a présidé continuellement à la rédaction des *Mémoires sur l'Algérie*, de MM. de Sandoval et Madera ; c'est cette pensée toujours présente qui a obscurci, ce nous semble, le jugement des deux savants officiers, toutes les fois qu'ils ont eu à apprécier le principe ou le fait de la conquête, et les a souvent rendus presque injustes à notre égard.

Il est donc reconnu que le voisinage d'une Algérie française est pour l'avenir de l'Espagne un perpétuel sujet de crainte. Eh bien, non! Voilà que, par un revirement inattendu, les deux écrivains ajoutent avec un sérieux que nous avons peine à comprendre : « Dans le cas d'une guerre « particulière entre les deux pays (l'Espagne et la « France), l'Algérie, au pouvoir des Français, *est* « *une bonne fortune pour l'Espagne.* » Et ils espèrent le démontrer par le raisonnement suivant.

Dans le cas d'une guerre telle que celle que nous venons d'indiquer, l'Espagne organisera une défensive vigoureuse sur les Pyrénées, et c'est en Algérie qu'elle devra porter l'offensive. Elle y enverra *un petit corps d'armée* dont la mission sera de faire révolter le pays, et qui opérera ainsi une puissante diversion. MM. de Sandoval et Madera expliquent alors, *in extenso,* leur opinion sur la manière de préparer des troupes, pour le cas où on devrait opérer en Afrique. Ils préconisent la formation, dans l'armée espagnole, de bataillons et d'escadrons légers, la création d'une cavalerie armée et montée à l'instar de nos braves chasseurs d'Afrique, la formation d'interprètes arabes devant être nécessairement adjoints à l'expédition. On devrait former, pour cette campagne, des brigades de 3 à 4 bataillons chacune, savoir, 1 régiment de ligne et 1 bataillon léger par brigade.

Il n'y a rien de bien nouveau, ni de bien redoutable, croyons-nous, pour notre colonie, dans une pareille organisation, en présence du dévouement et de la valeur de notre armée, de nos approvisionnements de toute nature, dont les deux officiers espagnols ont eux-mêmes constaté l'abondance; en présence surtout du sentiment national qui veut et fera les derniers sacrifices pour que l'Algérie soit et demeure une terre à jamais française. Rappelons-nous aussi que ce soulèvement dont parle l'Espagne, fomenté par elle dans notre colonie, aurait été possible il y a dix ans, au temps d'Abd-el-Kader. Aujourd'hui ce serait un rêve insensé.

« Les événements, disent en terminant les au-
« teurs des *Mémoires*, les événements d'Afrique
« commencent à préoccuper à juste raison les
« hommes prévoyants. Et à considérer la façon
« dont ils se lient déjà à ceux de la politique na-
« tionale en Europe, à voir notre position géo-
« graphique, en calculant enfin le rôle que les
« événements ou le sort futur de la nation nous
« garde, on ne peut s'empêcher de reconnaître
« que quelque gloire ou quelque intérêt est réservé
« par le destin, en Afrique, à l'avenir de notre
« pays. »

On connaît maintenant l'esprit dans lequel ont été écrits les *Mémoires sur l'Algérie*. Les auteurs,

nous l'avons surabondamment prouvé, acceptent
avec regret le fait accompli de la conquête. Ils ne
laissent échapper aucune occasion d'exprimer
leurs doutes sur la durée de l'établissement français en Algérie; et pourtant¹, la façon sérieuse
dont ils ont étudié notre colonie porte à penser
qu'ils croient peu eux-mêmes à ce qu'ils avancent
à chaque page, à tout propos, sous toutes les
formes. Ils nient sa colonisation, l'attaquent sans
cesse, et déclarent que nous sommes incapables
de l'établir. S'ils discutent les procédés mis en
avant par le maréchal Bugeaud, par les généraux
Lamoricière et Duvivier, c'est pour proclamer leur
impuissance et s'écrier bien haut avec ce dernier
que « rien ne prospère en Afrique que les cime-
tières. »

MM. de Sandoval et Madera décernent donc à la
France un brevet d'incapacité en fait de colonisation, et mettent résolument en regard de notre situation en Afrique l'état de leur domination à
Cuba¹, aux Philippines et ailleurs, sans songer
qu'ils possèdent ces pays depuis des siècles et que
nous venons à peine de mettre le pied dans la Régence.

S'ils consentent à signaler quelques bons résultats en fait de colonisation, c'est à Staouëli,
c'est dans la concession de terrain faite à des Espagnols, auprès du fort de l'Eau, non loin du cap
Matifou. Les Espagnols, disent-ils, réunissent les
qualités requises pour la prospérité d'un établisse-

ment de colons à un bien plus haut degré que les Français. Quant à ceux-ci, c'est une chose bien entendue, l'Afrique « est un boulet qu'ils [traînent « avec eux, » ou bien encore, ainsi qu'ils le disent plus loin, « *c'est un jardin de luxe que le caprice d'un* « *homme riche veut, quoi qu'il coûte, établir sur un ro-* « *cher.* »

En résumé, et à part les réserves que nous avons faites, le livre de MM. de Sandoval et Madera, qui contient 700 pages environ, est une excellente étude, pleine de judicieuses observations. Fait en vue d'être utile à l'Espagne, il remplira certainement le but que se sont proposé les auteurs, et le ministre de la guerre espagnol, en en ordonnant l'impression, a doté son pays d'un livre précieux, pour l'armée surtout. Quant aux écrivains eux-mêmes, ce sont très-certainement des officiers d'un rare mérite. On le reconnaît à chaque page, à l'ordre qui a présidé à leur travail si compliqué, à l'étendue des connaissances dont ils font constamment preuve. Ils n'ont rien oublié, rien dédaigné de ce qui était réellement utile, dans cette laborieuse exploration qu'ils ont faite en Afrique. Si un assez grand nombre de leurs observations ne sont plus vraies aujourd'hui, la cause en est précisément à cette circonstance qu'ils signalent, à savoir que, depuis 1848, la colonisation a été beaucoup plus considérable que de 1830 à cette dernière année. Les deux collaborateurs, s'ils retournaient aujourd'hui en Afrique, acquerraient, sans nul doute, la conviction que leur opinion sur la fertilité de l'Algérie, par exemple, était on ne peut plus erronée ; qu'un moment tributaire du Levant pour les blés, elle peut maintenant en exporter à son tour en Europe. Ainsi fera-t-elle bientôt pour la soie, pour le coton, qu'aujourd'hui nous demandons aux États-Unis ; pour l'huile de palme, pour l'huile de sésame, etc., etc. Ils reconnaîtraient que partout la civilisation marche à pas de géant, et que le temps n'est pas éloigné où cette Afrique, arrosée des sueurs et du sang de la France, lui rendra avec usure tout ce qu'elle a fait pour elle.

Quelques esprits chagrins, ou naturellement frondeurs, veulent méconnaître aujourd'hui encore les progrès obtenus en Algérie. Autant vaudrait nier la lumière, nous disait récemment un de nos amis qui a vu, étudié l'Afrique française, et a publié sur elle quelques articles intéressants. En veut-on une preuve entre mille, regardez Bouffarik. Bouffarik était un lieu isolé où fut établi un camp au début de la conquête. Deux arbres y croissaient. Sous l'un d'eux, on avait élevé la tente du général, sous l'autre s'abritait une cantine. Aujourd'hui, Bouffarik est un joli village, tel qu'on n'en voit pas en bien des lieux de France, entouré de nombreuses plantations d'arbres de toute espèce, ou un ouragan peut en abattre des milliers sans qu'il y paraisse, environné de terres cultivées, et qui fait en ce moment un commerce déjà considérable. Il en est ainsi partout. Partout se rencontrent l'activité et les résultats d'une intelligente industrie.

C'est un ouvrage fort recommandable que celui que nous avons essayé d'analyser. Il fait le plus grand honneur à M. le général Crispin de Sandoval et à M. le colonel Madera y Vivero. Si nous avons eu à constater l'exagération de certaines opinions, nous ne devons pas oublier que ce livre n'a pas été écrit pour la France, mais bien uniquement pour l'Espagne qu'ils chérissent, pour cette Espagne qui fut si grande, qui veut renaître et reconquérir sa place parmi les grandes nations. C'est donc aussi une œuvre patriotique que le livre sur l'Algérie. Et quoi d'aussi respectable que l'amour de son pays !... Si nous disons qu'à tous leurs autres mérites, les *Mémoires* joignent celui d'un style élégant, facile, et d'une très-grande clarté, nous aurons terminé notre appréciation.

Et maintenant, que les deux honorables auteurs acceptent de bonne grâce notre présence en Afrique. Il n'est au pouvoir de personne de faire que nous n'y soyions établis pour jamais. Mais aussi qu'ils chassent les craintes qu'ils éprouvent pour l'avenir. Une rupture nous semble moins que jamais possible entre les deux pays, faits pour s'aimer et s'estimer réciproquement. Nous admirons le passé héroïque de l'Espagne, nous aimons la noblesse de son caractère, nous applaudissons sincèrement aux efforts qu'elle fait chaque jour dans

la voie du progrès. Que les Espagnols ne voient
dans notre France que des amis remplis pour eux
de vives sympathies. Nous avons foi en leur brillant avenir ; qu'à leur tour ils se montrent à nous
avec cette franchise et cette loyauté proverbiales
chez eux. L'Espagne et la France, nous en avons
la conviction, sont désormais deux sœurs appelées
à vivre dans une cordiale entente, et le mot de
Louis XIV est plus vrai de nos jours qu'à celui où
le duc d'Anjou recevait à Versailles la couronne
d'Isabelle-la-Catholique.

FIN